Gustav Prütz, Heinrich Dietz

Die Tümmler- und Purzlertauben

Ein Beitrag zum Mustertauben-Buch

bremen
university
press

Gustav Prütz, Heinrich Dietz

Die Tümmler- und Purzlertauben

Ein Beitrag zum Mustertauben-Buch

ISBN/EAN: 9783955621070

Auflage: 1

Erscheinungsjahr: 2013

Erscheinungsort: Bremen, Deutschland

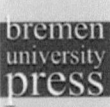

bremen
university
press

Die

Tümmler- und Purzlertauben.

Ein Beitrag

zum

Mustertauben-Buch.

Herausgegeben

von

H. Dietz und G. Prütz

Frankfurt a/M.   Stettin.

Preis 1 Mk. 50 Pf.

Stettin.

Commissions-Verlag von H. Dannenberg.

1883.

Inhalts-Verzeichniß.

III. Gruppe.
Glattfüßige, flachstirnige Mittelschnäbel.

IV. Gruppe.
Rauhfüßige, hochstirnige Mittelschnäbel.

V. Gruppe.
Glatt- oder rauhfüßige, hochstirnige Kurz- oder Dickschnäbel.

VI. Gruppe.
Glattfüßige, hochstirnige Kurz- und Dünnschnäbel.

Vorrede.

Die allgemeine Verbreitung, welche die Geflügelzucht in jüngster Zeit gefunden, die Fortschritte, die sie gemacht, die Kenntnisse, die über dieselbe erworben, lassen sich füglich auf die erste Zusammenkunft (Congreß) Deutscher Geflügelliebhaber 1869 in Dresden, zurückführen. Seit diesen Tagen fing an die Literatur in dem Fache zu erstarken und zu wachsen. Die Bildung von Vereinen steigerte sich von Jahr zu Jahr. Der Verkehr der einzeln Liebhaber unter sich und den Vereinen wurde ein immer regerer und intimer, sowol auf schriftlichem, geschäftlichem, als auch auf wissenschaftlichem und geselligem Gebiete. — Doch wurde auch bei dieser Zusammenkunft bereits das Bedürfniß gefühlt und ausgesprochen, eine gewisse Ordnung, ein Verständniß in die ganze Sache zu bringen; vorab dem allgemein herrschenden Wirr= warr in Benennung der verschiedenen Arten und Raffen der Hühner, als auch Tauben, eine Schranke zu setzen, beziehungsweise ihm abzuhelfen.

Viel ist während dieser Zeit geschehen, das kann Niemand in Abrede stellen. Die Literatur hat sich ehrlich bemüht aufzuklären und zu belehren. Congresse und freie Zusammenkünfte haben stattgefunden, wobei divergirende Ansichten geklärt und Differenzen ausgeglichen wurden. Dennoch ist lange nicht das vorgesteckte Ziel erreicht, es bleibt immer noch viel zu thun übrig. Stets und allenthalben drängt sich das Bedürfniß nach einheitlich geregelten Anschauungen und Ein= richtungen in den Vordergrund. Sie zu ermöglichen ist der Zweck dieser Schrift.

Auf dem Leipziger Congresse (1875) wurde den Unterzeichneten im Vereine mit hervorragenden Kennern der Taubenfamilie der ehrende Auftrag, Hand anzulegen an die Schaffung eines Deutschen Tauben= standard (Mustertauben=Buch). Sie glaubten diesem Auftrage am

1

gründlichſten zu entſprechen und ihn am ſicherſten zum Ziele zu führen, wenn ſie eine Taubenart nach der andern ſofort zur öffent= lichen und allgemeinen Diskuſſion ſtellten, um ſo die verſchiedenen, oft von einander abweichenden Anſichten der Liebhaber zu erfahren und kennen zu lernen. Behufs dieſes Vorhabens wurden die von H. Dietz verfaßten Beſchreibungen und erklärende Abbildungen in der von G. Prütz in Stettin herausgegebenen Zeitſchrift „Columbia“ vom 1. Januar 1876 an, veröffentlicht. Der Erfolg entſprach vielfach den gehegten Erwartungen. Manche irrige Anſicht wurde auf dieſem Wege berichtigt; Fragen aufgeworfen und erläutert, die bis dahin noch keine Auslegung gefunden hatten; vor Allem aber durch den eingeſchlagenen Weg der Beweis geliefert, wie nöthig es iſt, ſich über die Sache ſelbſt, über den Gegenſtand um den es ſich handelt, klar zu werden, ehe man in eine Diskuſſion über denſelben eintreten kann. Aufklärung über die einzelnen Raſſen, genaue Kenntniß derſelben, Ausmerzen perſön= licher und örtlicher Geſchmacksrichtungen und Bezeichnungen, war die Aufgabe, die ſich die Herausgeber geſtellt und deren Löſung ſie anſtrebten.

Die gleichen Beſtrebungen liegen auch dieſer Schrift zu Grunde. Mit dem leider tief zu bedauernden Eingehen der „Columbia“ war der betretene Weg der ſucceſiven Veröffentlichung abgeſchnitten. Es mußte das Beſchreiten andrer Wege in Erwägung gezogen werden, und wir entſchieden uns für eine Geſammtveröffentlichung in Broſchürenform.

Mit ein Hauptbeweggrund hierzu war, daß ſich die, nach der Dietz'ſchen Claſſifikation zweite Taubengruppe, „Tauben die ſich durch ihren Flug kennzeichnen“, die Tümmler, als eine in ſich ſtreng abgeſchloſſene, aber außerordentlich verzweigte Gruppe, zur ſeparat Behandlung ſehr wol eignete. Hinzu trat noch, daß mit der Bearbeitung dieſer Gruppe die bei den früheren Veröffentlichungen in der „Columbia“ abſichtlich gelaſſene Lücke, ausgefüllt wurde.

Der Grund weshalb wir ſeinerzeit für die Beſprechung der Tümmler eine offene Stelle ließen, war der, daß grade in dieſer Gruppe, ungeachtet ſie die enragirteſten Liebhaber zählt, das größte Chaos herrſcht. Wir wollten die Anſichten über dieſelbe ſich erſt klären laſſen, wir wollten erſt hören und ſelbſt lernen. Dieſe Taktik hat ſich bewährt. Es ſind uns während des Zeitraums von fünf Jahren von den bedeutendſten Züchtern der einzelnen Raſſen eine nicht geringe Zahl von Beſchreibungen, theils direkt, theils durch allgemeine Ver= öffentlichung zugegangen. Wir haben dieſelben ſoviel als thunlich unter der Namensangabe der Verfaſſer in dem Buche aufgenommen, wo es nicht anging, einzelne wichtige Stellen citirt. Für dieſe, von einzelnen Züchtern uns gewordene Unterſtützung, ſprechen wir gleich= zeitig hiermit unſeren herzlichen Dank aus.

So ausgerüstet traten wir nun an das Werk heran. Es handelte sich in erster Linie darum, wie Ordnung in das Chaos, Scheidung in die Masse gebracht werden könne. Die vorkommenden Färbungen und Zeichnungen konnten hierzu, da beide, ebenso wie in allen übrigen Gruppen bei den verschiedenen Schlägen sich wiederholen, nicht dienen. — Es mußte also nach einem andern Unterscheidungszeichen gesucht werden. Und wir glauben ein Solches in der Kopf= beziehungsweise Schnabelbildung, gefunden zu haben. Sind auch viele Schläge unter= einander bereits vielfach gemischt, so, daß an den einzelnen Individuen oft schwer nachzuweisen ist, zu welcher Abtheilung es gezählt werden müsse, so findet die Gesammtmasse der ganzen Familie in den von uns aufgestellten sechs Unterabtheilungen doch eine recht passende Unterkunft.

Wir übergeben nun hiermit unsere mehrjährige Arbeit der Oeffent= lichkeit, nicht in dem Glauben, es sei an derselben nichts mehr zu verbessern oder hinzufügen, sondern in dem Bewußtsein, mit derselben einen Grund gelegt, eine Basis geschaffen zu haben, auf welchen weiter gebaut und gearbeitet werden kann. In diesem Sinne sie zu beurtheilen, bitten wir die geehrten Züchter und unsere Freunde.

Die Herausgeber.

Die Tümmler- und Purzlertauben.

(C. gyrantes.)

Es gibt eine große Zahl von Tauben, die, obgleich verschieden an Größe, Kopfbildung, Federstruktur, Farbe und Zeichnung, dennoch so viele gemeinsame Eigenschaften haben, daß man sie füglich zu einer Gruppe oder Gattung zusammenfassen muß. Es sind dies die Tümmler oder Purzler. Baldamus bezeichnet diese Gruppe mit dem Namen: „Hohlrücken-Tauben." Er gibt jedoch zu, daß dies nur in Ermangelung einer besseren, allgemein zutreffenden Benennung geschehen sei. Allerdings ist die gewählte Bezeichnung wenig zutreffend, denn man trifft die bedingende Eigenschaft „hohlen Rücken" bei noch vielen anderen und nicht in diese Gruppe gehörenden Arten; z. B. bei der Pfautaube, dem Carrier, Kröpfer, Mövchen ꝛc. Sucht man überhaupt nach einem äußern, allgemeinen Merkmal, das die ganze Gruppe charakterisirt, so kommt man bei sorgfältiger Vergleichung zu dem Resultat, daß es eben keins gibt. Dagegen ist die Verbindung mehrerer einzelner Merkmale schon eher geeignet, eine Taube auch ohne ihren Flug zu beobachten, als einen Tümmler erkennen zu lassen.

Zu solchen Merkmalen zählen: Kleinerer, zierlicherer Kopf als der der Gemeinen Taube, heller Wachsschnabel und meistens helle (Perl-) Augen. Sind die einzelnen Tümmlerarten auch unter sich sehr verschieden in Größe und Haltung, in ihrer Gesammtheit stehen sie doch gegen die Größe der Gemeinen Taube zurück. Dasselbe gilt von der Form des Schnabels; dieser, bei den einzelnen Rassen im höchsten Grade verschieden, weicht doch in jeder Bildung immer noch von dem der Gemeinen Taube wesentlich ab.

Mehr Uebereinstimmung als in Habitus und Kopfform, finden wir in der Gruppe gegenüber der Gemeinen Taube, bezüglich der Färbung und Zeichnung. Einzelne Zeichnungen gehören ausschließlich dieser Gruppe und einzelnen ihrer Repräsentanten an und finden sich in keiner andern Gruppe wieder, so die Nonnen-, Platten-, Brander- und Bart-

zeichnung. Andere Zeichnungen sind vorherrschend in der Gruppe ver=
breitet, finden sich aber bei vielen einzelnen Rassen derselben vor, so
die Weißschlag=, Weißschwanz=, Elster= und Scheckzeichnung.

Die Weißschlag= und Elsterzeichnung ist in dieser Gruppe so
häufig und beinahe allein auf sie beschränkt, daß man versucht wird
anzunehmen, diese sei als eine Folge des starken Gebrauchs der Flügel,
des Schlagens mit denselben entstanden. Dennoch ist es unstatthaft
die Zeichnung oder Färbung als Grundlage einer Rasseneintheilung
benutzen zu wollen, wie dies leider bis jetzt geschehen und üblich ist,
so daß man z. B. unter „Kopenhagener" nur Elsterzeichnung versteht.

Ungeachtet der äußerlichen Zeichen, deren Vorhandensein manche
Taube sofort als einen Tümmler charakterisirt, gibt es auch ganz vor=
züglice Tümmler, die gar kein äußerliches Erkennungszeichen tragen.
Es ist und bleibt demnach nur die Art des Fluges, welche unter
allen Umständen den Tümmler erkennen läßt. So verschiedenartig
auch dieser Flug mitunter ist, ob nur kreisend und hochfliegend, oder
überschlagend und purzelnd, er weicht immer von dem Fluge aller
übrigen Taubenrassen wesentlich ab und ein geübtes Auge wird sofort
einen Trupp fliegender Tümmler von einer Flugt anderer Tauben
wohl unterscheiden.

Diese verschiedene Art des Fluges der Tümmler unter sich war
lange Zeit und ist öfters auch heute noch ein Grund, daß manche
Züchter die Familie der Tümmler in zwei große Unterabtheilungen
eintheilen wollen, nämlich in Hochflieger oder eigentliche Tümmler,
und in Ueberschläger oder Purzler. Wir huldigten lange Zeit auch
einer solchen Ansicht. Allein die Erfahrungen hervorragender Kenner
und Liebhaber, wie z. B. des Herrn Dr. Seelig in Kiel und anderer,
haben dargethan, daß die Verschiedenartigkeit des Fluges mehr auf
Gewöhnung, als auf angeborner Fähigkeit beruht. Diese Ansicht wird
durch den Umstand bestärkt, daß bei jedem Züchter beständig bei der
Nachzucht einzelne Exemplare vorkommen, welche von der von den Eltern
geübten Manier des Fliegens eine Ausnahme machen, und welche er
deshalb aus dem Fluge ausscheibet.

Die bevorzugtesten und an verschiedene Orte gebundenen Arten
des Fliegens sind folgende: steigendes Alleinfliegen, steigendes Trupp=
fliegen und Truppfliegen mit Umschlagen. Wir werden bei Besprechung
der einzelnen Schläge ihre Flugart eingehender erläutern, im All=
gemeinen sei hier nur bemerkt, daß alle Flugarten einer Dressur und
einer Uebung darin bedürfen, und daß jede Tümmlerrasse, sobald sie
in der Uebung vernachläßigt wird, zurückgeht und schließlich aus eignem
Antriebe gar keine Flugproduktionen mehr ausübt.

Fragen wir, woher die Tümmler stammen, so weisen fast alle
bisherigen Nachforschungen auf Asien, speciell auf Persien und Indien

hin. Dort finden wir auf den heutigen Tag die Taube noch vor, und nach Aufzeichnungen aus dem 16. Jahrhundert sehen wir, daß Persische Herrscher ganz eminente Verehrer dieser Taubenart waren.

Ueber die Wege, auf welchen die Art zu uns gelangte, gibt uns ihre heutige Verbreitungszone Anhaltspunkte. Wir finden die Rasse hauptsächlich in den angrenzenden Ländern der Nord= und Ostsee verbreitet, so in Dänemark, England, Holland, den Ostseeprovinzen und Friesland. Es darf mit Bestimmtheit behauptet werden, daß sie in diese Länder zum größten Theile durch die Schifffahrt gebracht wurde. Nur ein kleiner Theil mag den Weg aus Mittelasien, der Weichsel und den Niemen herunter gefunden haben. Von den Ufern der Nord- und Ostsee verbreitete sich die Rasse stromaufwärts nach Mittel= deutschland. Zu Anfang dieses Jahrhunderts erreichte sie am Rhein, Mainz, der Weser herauf Cassel. Wie hoch sie damals an der Elbe aufwärts ging, ist uns nicht bekannt; doch kann man behaupten, daß in den dreißiger Jahren in ganz Südwest=Deutschland mit Einschluß Thüringens, Tümmler zu den Seltenheiten gehörten. Man fand sie weder im Mainthal noch im oberen Rhein= und Donauthal, auch nicht im südöstlichen Frankreich, der Schweiz und Italien. Einen zweiten Weg hatte die Rasse muthmaßlich vom Schwarzen Meere her die Donau aufwärts genommen, denn sie findet sich in mehreren Species verbreitet in Ungarn, Polen und als Endstation seit langer Zeit in Wien. Selbstverständlich kann heute, nachdem die Eisenbahn und das Aus= stellungswesen alle örtliche Beschränkung verwischt hat, das so eben Geschilderte keine Anwendung mehr finden. Heute finden sich alle Rassen an allen Orten zerstreut.

Bei einer so ausgedehnten Verbreitung, der Mannigfaltigkeit der Zeichnungen und Färbungen, bei dem sich an verschiedenen Orten ausbildenden Geschmack des Fliegenlassen, ist es nicht zu verwundern wenn sich eine große Zahl von Schlägen wirklich ausgebildet hat, aber eine noch weit größere in der Einbildung der Liebhaber besteht. Der Wahn, das Beste zu besitzen, ist nirgends ausgeprägter, als in Sachen der Liebhaberei, weil diese selbst eine Sache des Gefühls und nicht des Verstandes ist. So glauben alle Besitzer von Tümmlern einer jeden Stadt an die Unübertrefflichkeit ihrer Tauben im Fluge, an die Tadellosigkeit in Zeichnung und Färbung. Häufig erscheinende Fehler werden schließlich als eine Nothwendigkeit angesehen. Der Glaube an dieses Dogma hat es zuletzt dahin gebracht, daß die Liebhaber jeder Stadt davon überzeugt waren, eine eigene Rasse zu besitzen und der Name der Stadt mußte herhalten, um die Rasse zu bezeichnen. So finden wir denn beinahe alle Städtenamen der Tümmler= provinzen als Benennung vertreten. Da gibt es Danziger, Stettiner, Königsberger, Kopenhagener, Stralsunder, Elbinger, Berliner, Prager,

Wiener 2c. Das Gelungenste bei der Sache ist, daß die Herrn Lieb=
haber unter sich oft nicht recht darüber einig sind, wie denn ihre
bevorzugte Rasse eigentlich aussehen und wie sie fliegen soll. Nur in
dem Glauben stimmen alle überein, daß die früheren Tauben, die sie
aus ihrer Kindheit sich noch vorstellen können, viel besser, viel ächter
gewesen sind als die jetzigen, und daß die heutigen Tauben meist
durch Kreuzungen verdorben seien.

Eingehende Studien über den Ursprung der Tümmler hat Herr
Professor Dr. Seelig=Kiel angestellt und das Ergebniß seiner Nach=
forschungen in der betreffenden Literatur der Vorzeit in der „Columbia"
(Zeitschrift für Taubenliebhaber) veröffentlicht. Wir entnehmen der=
selben Folgendes:

„Daß im klassischen Alterthum purzelnde Tauben völlig un=
bekannt waren, kann wohl mit Bestimmtheit angenommen werden.
In Rom, wie in Griechenland wurden Tauben in großen Mengen
gehalten, sie spielten nicht nur in dem Götterkultus der Bewohner
eine Rolle, sondern in späterer Zeit wenigstens waren sie auch für
die Landwirthschaft von Bedeutung. Daher beschäftigen sich denn
Griechische wie Römische Schriftsteller vielfach mit den Tauben,
nirgend aber findet sich auch nur die leiseste Andeutung davon, daß
schon bei den von ihnen beobachteten Tauben jenes so auffällige
Spiel des Purzelns vorgekommen.

Alle Englischen Schriftsteller, welche sich mit den Tauben
beschäftigt, geben Indien oder das südliche Persien als die
Heimath der Tümmler an. So erklärt sich denn, daß diese Rasse in
Europa erst bekannt geworden, nachdem lebhafte Handelsverbindungen
mit jenen Ländern auf dem Seeweg angeknüpft waren. Die meisten
anderen Orientalischen Rassen haben unzweifelhaft über das Mittel=
meer oder auf dem Landwege in Europa Eingang gefunden, sind
also von Osten oder Süden zu uns gekommen. Die Tümmler da=
gegen sind durch Engländer oder Holländer, wahrscheinlich durch
beide, über den Ocean in Europa eingeführt, haben sich also von
Norden und Westen her in unserm Erdtheil verbreitet. Die Holländer,
in deren Händen im 17. Jahrhundert vorzugsweise der Welthandel
ruhte, brachten aus ihren Kolonien und Niederlassungen nicht blos
seltene Pflanzen, sondern auch Thiere mit, die sie zu Hause zu halten
und zu züchten suchten, soweit Klima und Umstände es erlaubten.
Namentlich die Taubenliebhaberei scheint zu jener Zeit schon ziemlich
verbreitet bei ihnen gewesen zu sein, und es werden schon eine große
Anzahl Arten aufgeführt, die damals in Holland gehalten wurden.

In Deutschland kannte man, wie es scheint, bis in das
17. Jahrhundert hinein nur gewöhnliche Feldtauben und einige
Orientalische Rassen.

Der erste Deutsche Zoologe, Conrad Geßner, gab im Jahre 1555 in Zürich eine lateinisch geschriebene Naturgeschichte des Thierreichs („historia animalium") in einer Reihe von Foliobänden heraus, deren 3. die Vögel behandelt. Bei den Tauben führt er nur zwei Hauparten auf, nämlich Feldtauben („Veldböck") und Zahme Tauben („Zam=Schlagtuben") und von letzteren die Unterarten der „Welschtuben" und der rauhfüßigen (dasypodus) „Russischen Tauben", die er auch „Ghößlet Tuben" nennt.

Aber schon sein Uebersetzer Rudolf Heußlin *) in Zürich (1588) kannte einige weitere Rassen, ja er thut einer neuen Einführung Erwähnung, die entweder auf die Tümmler, oder auf die Mövchen, wahrscheinlich jedoch auf erstere gedeutet werden muß. Er sagt nämlich, nachdem er angeführt, daß die „Russische Taube" besser Englische genannt werden müsse und daß die kappigen „Cyprischen" für die edelsten gehalten würden, weiter: „Nit unlängst ist ein neuwe Art zu uns gebracht von Augsburg, ganz klein, als der Fink geschnäbelt." Das könnte man auf kurzschnäblige Tümmler deuten.

Aber ein 100 Jahre nach Geßner in Frankfurt a. M. lebender Arzt Georg Horst, welcher die Geßner'sche Naturgeschichte neu bearbeitete **), kennt nicht allein eine Reihe anderer, noch jetzt vorhandener Rassen (Pfautauben, Kröpfer, Perrücken, Bagdetten u. s. w.) sondern er erwähnt speciell auch und beschreibt die Tümmler mit folgenden Worten:

„Eine sonderliche Arth Tauben wird von den Holländern Tuhmelaers, den unsrigen Tümmler oder Burtzler, genannt, dieweil sie sich im stärksten Fluge oft 4. 5. 6. mal gantz überschlagen. In der Größe sind sie wie Feldtauben, an Farbe unterschieden, etliche blau, lederfarben, schwarz, weiß und zuweilen gelb, insgemein haben sie weiße Schwingen und sind mehrentheils auf den Schwänzen und Flügeln mit weiß durchmischet."

Hier wird also Holland als das Land angegeben, von wo aus die, genau genug beschriebenen, Tümmler nach Frankfurt a. M. gekommen waren.

Daß sie aber schon hundert Jahre früher vorhanden waren, läßt sich aus einem Italienischen Schriftsteller mit ziemlicher Sicherheit nachweisen.

---

*) Vogelbuch. Erstlich durch Dr. Conrad Geßner in Latein beschrieben, neuerlich aber durch Rudolff Heußlin mit Fleiß in das Deutsche gebracht.

**) Gessnerus redivivus, auctus et emendatus, oder allgemeines Thierbuch vormals durch den hochberühmten Dr. Conradum Gessnerum in lateinischer Sprache geschrieben, anjetzo aber von Neuem übersetzt durch Herrn Georgium Horstium. M. D. Frankfurt a. M. 1669.

Der an der Universität Bologna lebende Ulysses Aldrovandi publicirte im Jahre 1599 ein sehr gelehrtes Werk über die Vögel, in dessen 2. Theil auch die T a u b e n mit einem großen Aufwande klassischer Gelehrsamkeit behandelt werden. Auch er kennt in Italien nur die seit uralter Zeit vorhandenen Rassen (Col. Campanicae, Tronfo) erwähnt sodann aber, daß es in Holland sehr viele verschiedene Rassen gäbe, deren er einige nach den ihm von einem Holländer gemachten mündlichen Mittheilungen anführt und beschreibt. Den meisten läßt er in seinem sonst lateinisch geschriebenen Buche die Holländischen Namen, als Kappers (Perrücken) Kroppers, Cortbeck (Mövchen), Helmet (Mönch= und Pfaffentauben) u. s. w. Hier hebt er nun die „Overslagers" besonders hervor *), die wie er sagt, „ihren Namen von ihren Bewegungen haben, da sie zu Ehren ihrer eignen oder anderer Weibchen nach langem Ruckfen sich von der Erde erheben und über ihnen hinfliegend die Flügel zusammenschlagen. Die aber, welche man für die edelsten hält, nennt man „Draijers", die nicht allein so wie die andern, beim Fluge die Flügel zusammen= schlagen, sondern auch im Kreise herumfliegen und zwar am meisten über den Weibchen, dabei aber die Flügel so stark zusammenschlagen, daß es den Schall zweier zusammengeschlagener Becken übertönt, weshalb sie denn auch die Schwungfedern meist zerbrochen haben, und oftmals garnicht fliegen können. Diese sollen der Venus sehr stark fröhnen und so hoch geschätzt werden, daß das Paar oft mit 4 Goldstücken bezahlt wird."

Overslagers (Ueberschläger) sind unzweifelhaft die Purzler, die noch jetzt in Holland, und theilweise ja auch in Deutschland so genannt werden. Der Niederländische Gewährsmann Aldrovandi's wird sie diesem wol richtig beschrieben haben, wie ja daraus hervorgeht, daß Aldrovandi anführt, sie hätten ihren Namen von ihren Bewegungen. Allein das, was A. dann von diesen erzählt, paßt offenbar nicht zu dieser Bemerkung. Vielmehr hat der Italienische Gelehrte, welcher vielleicht die Holländische Sprache nicht völlig verstand, und sicher jene Tauben selbst nie gesehen hatte, auch ihren Flug sich nicht recht vorstellen konnte, offenbar die Purzler mit den Ringschlägern zusammengeworfen. Die Beschreibung, welche er von dem Fluge

---

*) Overslagers nuncupant, quoniam in honorem femellae, vel suae, vel aliarum post longa murmura a terra sese elevet, et ultra illas volando alas quatiet. Quas vero ut nobilissimas colunt, eas appelare Draijers, quae non eodem, ut illae, modo, inter volandum dumtaxat alas quatiun, verum etiam in orbem circum volitant, idque maxime supra femellas tam fortiter alas quatiendo, ut duorum asserum simul collisorum sonitum superent, unde remigae eorum pennae semper fermo fractae conspiciantur, ac quandoque etiam volaer nequeant.

der Draijers macht, paßt ersichtlich auf diese noch jetzt am Nieder=
rhein vorkommende Raffe, während seine Beschreibung der Bewegung
der Overslager entweder unverständlich ist, oder sich von der bei den
letztern gegebenen nur nach dem verschiedenen Grade des Zusammen=
schlagens der Flügel unterscheidet.

Diesen Irrthum Aldrovandi's deckt ein am Ende des 17. Jahr=
hunderts lebender Englische Schriftsteller, Namens Willughby deut=
lich auf*).

Willughby führt 17 Varietäten der Haustaube auf, (darunter
Römer, Kröpfer, Pfautauben, Carrier, Perrücken, Mövchen, Indianer,
Dragons u. f. w., auch einige jetzt bereits ausgestorbene Raffen).

Als 9. Raffe erwähnt er die Percussores, (Engl. smiters,
Niederländisch Draijers) die er als Ringschläger genau beschreibt,
dabei aber anführt, daß man in England dieselben von dem
Tümmler trenne, mit dem Aldrovandi sie zusammengeworfen.

Als 10. Raffe zählt er die Tümmler oder Purzler auf
und beschreibt sie folgendermaßen:**)

„Sie sind klein, von verschiedener Farbe, führen im Fluge in
der Luft wunderbare Bewegungen aus, indem sie sich rückwärts über
Kopf herumwälzen, so daß sie einem Federball oder einer empor=
geworfenen Kugel gleichen."

Diese über 200 Jahr alte Beschreibung Willughby's kann man
noch heutigen Tags in Englischen Beschreibungen des Tümmler=
Flugs wiederfinden.

Hiermit können wir uns in Bezug auf die einschlagende ältere
Englische Literatur begnügen, es würde leicht sein, nachzuweisen, daß
von jener alten Zeit an die Englischen Schriftsteller bis auf die
Gegenwart unter tumbler immer nur die mit der Fähigkeit des
Purzelns ursprünglich begabte Raffe verstanden haben.

Aber aus der Gegenwart müssen wir noch das Zeugniß eines
Mannes anrufen, der, wie ja allgemein bekannt sein dürfte, für die
Entwickelung der Naturwissenschaft überhaupt epochemachende Arbeiten
geliefert hat.

Es ist kein Geringerer als Darwin, auf den wir uns hier
beziehen.

Zum Zwecke der seine bahnbrechende Ansichten begründenden
Untersuchungen hat er nicht allein alle über das Verhalten der
Hausthiere ihm zugänglichen Beobachtungen sorgfältig gesammelt,
sondern auch selbst viele solche Thiere gehabt. Insbesondere gilt

---

*) Francisci Willughbeii ornithologia libri tres, Londini 1676.
**) Gyratrices, seu vertagi, anglice tumblers, parvae sunt, variorum
colorum, intervolandum miros motus in aere exhibent, retrorsum in caput
se circum volvendo, pilae aut globi projecti speciem referentes.

dies von den Tauben, von denen er die seltensten und interessantesten Rassen und Abarten sich zu verschaffen gewußt und sorgfältig beobachtet hat. Daher nimmt denn auch diese Thiergattung in seinem berühmten Werke „Das Variiren der Thiere und Pflanzen" einen breiten Raum ein. Darwin beschreibt alle ihm bekannten wichtigen Rassen und Unterrassen, meist auf Grund eigener Beobachtungen. Unter Nr. 7 führt er also die Tümmler (Tumblers) auf, von welchen es heißt: „Ueberschlagen sich beim Fluge rückwärts, Körper meist klein, Schnabel meist kurz, zuweilen äußerst kurz und konisch.

Er theilt dieselben in vier Unterrassen, nämlich:

1) Persische Tümmler, die sehr der Gemeinen wilden Taube gleichen, nur etwas kleiner sind und einen kürzeren Schnabel haben. Füße befiedert. Fliegen in Schaaren sehr hoch und purzeln gut.

2) Lotan, oder Indische Boden-Tümmler. Diese Rasse hat die merkwürdige Eigenthümlichkeit, daß sie nicht in der Luft, sondern auf dem Fußboden ihre Purzelbäume schlägt. Darwin beschreibt dieses so: „Man schüttelt die Vögel leicht, stellt sie auf den Boden, dann purzeln sie kopfüber so lange, bis man sie aufnimmt und anbläßt." Diese merkwürdige Rasse soll bereits seit dem Jahre 1600 nachweisbar sein, wie aus Indischen Schriftstellern erhellt, und soll noch jetzt in Kalkutta vorkommen. In Deutschland dürfte sie wohl noch nie gesehen sein.

3) Gemeiner Englischer Tümmler, sehr ähnlich dem Persischen, nur kleiner, mit kürzerem Schnabel und besserer Purzler. Die Untervarietät, der Schottische Haustümmler, purzelt selbst beim Durchfliegen des Schlages, wenige Fuß über der Erde.

4) Der kurzstirnige Tümmler, dessen bekanntester und schönster Repräsentant der Almond-Tümmler ist. Von dieser Unterrasse sagt D.: „sie haben ihr Vermögen zu purzeln fast verloren, thun es aber doch gelegentlich.

Aus diesem kurzen Auszuge geht doch sicherlich hervor, daß Darwin, dieser genaue Kenner der Tauben, das Purzeln als die gemeinsame charakteristische Eigenschaft aller Tümmler ansieht.

In Deutschland fanden die Tümmler nur verhältnißmäßig langsam Eingang, sie verbreiteten sich nachweislich von den Küstenländern und Holland aus allerdings auch nach dem Innern, indessen überwogen hier bis in die neueste Zeit doch immer, besonders in Mittel- und Süddeutschland die Farbentauben, Mövchen, Perrücken und die von Süden her eingeführten Orientalischen Tauben.

Bechstein, der berühmte, am Ende des vorigen Jahrhunderts lebende Ornithologe, war selbst ein großer Taubenliebhaber und =Züchter. In dem 3. Bande seiner 1795 erschienenen „Gemein= nützige Naturgeschichte" beschreibt er die Haustauben sehr aus= führlich und führt insbesondere von den in seiner Heimath so beliebten Farbentauben eine große' Anzahl von Varietäten auf. Den Tümmler erwähnt er als Nr. 2, in der II. Abtheilung: Hof= tauben als Col. Gyratrix, Burzeltaube, und fügt noch eine kurze, im Ganzen zutreffende Beschreibung hinzu: „sie haben noch verschiedene Namen, als Pantomimentaube, Tümmler u. s. w. und werden besonders im Orient geschätzt. Einen nicht purzelnden Tümmler scheint B. gar nicht zu kennen.

In Norddeutschland und Holland einerseits, wie in Oesterreich anderseits begann man dann wahrscheinlich mindestens schon zu Anfang des vorigen Jahrhunderts Vergnügen daran zu finden, Tauben in Schaaren fliegen und bis zu großer Höhe aufsteigen zu lassen. Daß hierzu die robusten Tümmler=Rassen vor allen anderen Tauben vorzugsweise geeignet waren, liegt auf der Hand. Von dem Persischen Tümmler wie er in seiner Heimath vorkommt, heißt es ja schon, daß er in Schaaren bis zu bedeutender Höhe emporfliegt.

Diese Hochflieger wurden dann bald in jenen Gegenden und Ländern die besonders bevorzugte Rasse, welche häufig alle andern Haustauben verdrängte. Und es gelang durch Dressur und umsich= tige Züchtung vielerwärts diese Eigenschaft des anhaltenden Fliegens in bedeutender Höhe alsbald zu einem besonderen Grade zu entwickeln. Je nach dem Ziele, das man im Auge hatte, und nach der Methode der Züchtung bildeten sich verschiedene Lokal-Rassen, die bekanntlich in ihrem Körper, wie in ihrer Flugweise zum Theil große Ver= schiedenheit zeigen.

Zunächst suchte man dem Tümmler das Purzeln möglichst abzugewöhnen, weil man durch dasselbe das schnelle Aufsteigen und den gleichmäßigen Flug beeinträchtigt sah. Eifriges Jagen allein hindert die meisten Tümmler schon an dieser Bewegung, welche sie nur, sich selbst überlassen, im Uebermuth und Vollgefühl ihrer Kraft ausführen. An manchen Orten bediente man sich auch besonderer Hülfsmittel um das Purzeln zu verhindern: man riß der betreffenden Taube einige Schwanzfedern aus, oder kürzte diese sämmtlich, oder band (wie es z. B. vor 20 Jahren u. A. in Stettin üblich gewesen ist) ein Stück Papier oder Tuch an dieselben.

Ferner aber, und das war wohl die Hauptsache, wählte man zur Nachzucht vorzugsweise nur solche Tauben, welche wenig oder gar keine Neigung zum Purzeln zeigten.

Da das Purzeln offenbar nicht eine Eigenschaft ist, welche schon eine Ur=Art besessen, sondern die erst bei der Rassenbildung während der Domesticirung erworben ist, so liegt es auf der Hand, daß eine solche allerdings sich forterbende, aber doch erst nachträglich erworbene Eigenschaft, durch die Kultur auch wieder mehr oder weniger getilgt werden kann, besonders wenn man eine andere, damit in gewissem Grade unverträgliche Eigenschaft, in diesem Falle das geschlossene Hochfliegen, statt derselben möglichst zu entwickeln sucht.

War man erst soweit, daß das Purzeln nur noch zu den Aus= nahmen gehörte, so wurde jede Taube, welche diese Eigenschaft noch zeigte, aus der Flugt der Hochflieger sofort entfernt, wie ja dies jetzt in Berlin, Hamburg, Stettin u. s. w. wohl ausnahmslos geschieht.

Unzweifelhaft hat bei der Heranbildung der jetzt vorhandenen, so mannigfachen Flug=Tümmler=Rassen auch die Kreuzung mit= gewirkt. Wahrscheinlich waren es viele verschiedene Varietäten der Feld= oder Farbentauben, welche man theils zur Gewinnung größerer Stärke, theils zur Erzielung verschiedener Zeichnungen u. s. w. heranzog. Bei der Bildung der so eigenthümlichen Oesterreichischen Rasse, wie der Böhmischen, Ungarischen u. s. w. dürfte vielleicht auch Mövchenblut eine Rolle mitgespielt haben. Und ob etwa zur Erzielung der Altstämmer, die jetzt wol auch in England kaum noch vorhandenen „narrow tailed Snakers" (tremulae angusti- caudae, schmalschwänzige Zitterer — im Gegensatze zu den pfau= schwänzigen Zitterern) des Willughby beigetragen haben???

So kam es denn, daß in Deutschland diese verschiedenen Flug= Tümmler=Rassen, denen sich die Gunst der Mode zuwandte, mehr und mehr Verbreitung fanden und die alten ächten Purzler theil= weise auch da, wo sie früher vorhanden waren, oft vollständig ver= drängten. Und so erklärt es sich, daß diese letztere Rasse in vielen Gegenden Deutschlands jetzt den Taubenliebhabern fast völlig un= bekannt ist.

Wie das allmälig gekommen, dafür können wir unter Anderem auch aus der vor etwa 25 Jahren (1856—60) in Berlin von den Gebrüder Dr. D. und H. Korth herausgegebenen „Tauben= und Hühnerzeitung" einige Belege beibringen.

Der vor einigen Jahren verstorbene bekannte Taubenzüchter Wermann in Altenburg berichtet in der Nr. vom 6. Februar 1858, früher seien Tümmler sehr beliebt gewesen, namentlich Purzler, Ueberschläger, aber seit 20 Jahren in seiner Gegend ganz ver= schwunden.

In dieser Zeitung lieferte der nachmals ebenfalls sehr bekannt gewordene Direktor Fürer in Stuttgart unter der Chiffre F. aus=

gezeichnete Beschreibungen der meisten Taubenrassen, welche noch heutigen Tags ersichtlich die Grundlage vieler Deutscher Werke dieser Art bilden. Von den Tümmlern sagt F.: „Die Rasse sei verschlechtert durch das Paaren mit großen Tauben, das man vorgenommen, um bessere Flieger zu bekommen."

Nun noch einige kurze Bemerkungen über den Namen Tümmler, über dessen Ableitung und Bedeutung ja auch Streit herrscht.

Das Wort tümmeln ist Niederdeutschen Ursprungs und gleichmäßig auch in die verwandte Holländische und Englische Sprache übergegangen. Der Grundbegriff ist „sich wälzen" daher z. B. Holländisch in wellusten tuimelen, in Wollust sich wälzen. In allen 3 Sprachen hat das Wort Tümmler (Englisch Tumbler, Holländisch Tuimelaar) zoologisch zunächst Anwendung gefunden bei dem Namen einer in der Nordsee wie im Ocean vorkommenden kleinen Delphin-Art, dem Delphinus phocäna, welcher im Wasser kopfüber sich umwälzt, d. h. nach vorwärts purzelt, sobald er Luft zu schöpfen an die Oberfläche gekommen ist.

Es lag nun in der That nahe, als in jene Schifffahrt treibenden Länder die Taubenrasse eingeführt war, die jene bisher noch bei keinem anderen Vogel gesehene Bewegung ausführte, derselben den nämlichen Namen beizulegen, welchen jenes ebenfalls mit dieser ähnlichen Bewegung einzig dastehende Wasserthier führt. In England, wie in Nord-West-Deutschland erhielt diese neue Taubenrasse also den Namen Tümmler, tumbler, ebenso wie man für die eigenthümliche Bewegung selber den specifischen Ausdruck tümmeln, tumble, gebrauchte. Es mag hier noch bemerkt werden, daß das Oberdeutsche Wort purzeln dem Niederdeutschen ursprünglich fehlt. In Holland ging neben dem Namen tuimelaar als vollkommen damit identisch auch der Name Overslager.

Im Hochdeutschen fehlt dagegen das Wort tümmeln in der Niederdeutschen Bedeutung. Als daher auch im Binnenlande die neue Rasse der Tümmler sich allmälig verbreitete, so wußte man den von ihr geführten Namen vielfach nicht zu deuten, man griff nach ähnlich lautenden Hochdeutschen Worten, als tummeln, (ein Pferd tummeln, Tummelplatz) oder taumeln und glaubte den Namen daher ableiten zu sollen. Aber auch den Bewohnern der meisten Ostseeküstenstriche war der Name Tümmler fremd, weil eben der im Wasser lebende Tümmler in der eigentlichen Ostsee nicht vorkommt. Nur einzelne Thiere kommen bisweilen mit Sturm und Strömung durch das Kattegat in die Ostsee, um meistentheils alsbald an der Holsteinischen oder Mecklenburgischen Küste gefangen zu werden. Daher erklärt es sich, daß auch hier entsprechend dem

Hochdeutschen „Purzler" die Namen Ueberschläger, Werfer, Kepeler u. s. w. in Gebrauch kamen.

Bei der gegenwärtigen Sachlage ist es nun unzweifelhaft richtig, dem allgemeinen Sprachgebrauch sich zu fügen und unter dem gemeinsamen Namen Tümmler alle jene durch gemeinsame Abstammung und eine Reihe gleicher Eigenschaften verbundene Unter-Rassen zusammen zu fassen.

Der Bewohner Schleswig = Holsteins, Nord = Hannovers und einiger benachbarter Landstriche aber hat sicherlich ein historisch wohlbegründetes Recht, wenn er die purzelnden Tümmler als echte Tümmler schlechtweg bezeichnet und die von ihm ausgeübte eigenthümliche Flugbewegung mit der Bezeichnung „tümmeln" belegt. In der Schriftsprache, sofern er nicht blos zu seinen nächsten Landsleuten redet, wird er sich aber wohl ebenfalls des allgemein angenommenen Hochdeutschen Ausdrucks „purzeln" bedienen müssen."
Soweit Dr. Seelig.

Der echte und unvermischte Tümmler ist ein guter Flieger und unübertrefflicher Gaukler und Purzler. Unter schallendem Flügelschlag erhebt er sich in die Lüfte, stürzt dann plötzlich unter zahllosen Purzelbäumen bis zur Höhe des Dachs, erhebt sich drehend und klatschend von neuem, purzelt wieder ein Stück und fällt dann mit hochgehobenen Flügeln scheinbar bewegungslos herab, um rechtzeitig sich wieder zu erheben und mit allen möglichen Variationen das Spiel zu wiederholen. Der dressirte Purzler dagegen schwingt sich in weiten, spiralförmigen Kreisen in die Lüfte, jetzt mit gleichmäßigem Flügelschlag, dann mit ausgebreiteten Schwingen im Aether schwebend, sich wiegend, drehend und gaukelnd, eine Strecke hinabpurzelnd, und endlich sich wieder erhebend und mit den Uebrigen den Flug nach oben fortsetzend, um nach Stunden in derselben Weise sich wieder herabzulassen.

Purzler gab es bereits vor 1600 in Indien, und um diese Zeit scheint man den verschiedenartigsten Flugweisen (das Fliegen in der Nacht, das Aufsteigen zu einer großen Höhe, die Weise des Herabkommens) große Aufmerksamkeit geschenkt zu haben, ebenso wie auch heutigen Tags noch. Der Vezir Abul Fazil, des Großmoguls von Ostindien Akbar (1542—1605) vollendete im Jahre 1596 ein umfangreiches Werk in Persischer Sprache, in dem eine ausführliche Abhandlung über Taubenzucht enthalten ist, worin wir mit Bestimmtheit folgende Taubenrassen heraus erkennen: 1) Tümmler, offenbar die Lieblingsart Akbar's, denn daß die darin erwähnten „Meheneh", „Aschky", „Chajreschi", „Ubek" und „Khaseh"=Tauben sämmtlich Tümmlerarten gewesen sind, steht wol ohne Zweifel fest, da von ihnen das charakteristische Merkmal, das Ueberschlagen (tumble) in der Luft angegeben wird.

Die letztgenannte Unterart scheint nur dadurch von den ersteren unter=
schieden zu sein, daß sie in vielen (26) Farben existirte, während die
anderen vielleicht nur von einer bestimmten waren. 2) Bodentümmler,
Bodenpurzler oder Bodenroller, denn zu den Tümmlern müssen wir
offenbar die sonderbare Art der Lautöns, die noch heut zu Tage in
Ostindien unter dem noch etwas veränderten Namen „Lotans" existiren,
rechnen. 3) Hochflieger, die „Nesdwari" Akbars, von denen es
heißt, daß sie zu Anfang nur ein Viertel von dem Korn erhalten,
welches ihnen eigentlich zukömmt, bis sie 40 Flüge gemacht haben;
dann haben sie gelernt, Rundflüge zu machen, und sich in der Luft
zu überstürzen. Ehe eine Taube in den königlichen Taubenhäusern
die volle Kornration bekömmt, muß sie 15 Rundflüge und 70 Ueber=
schlagungen (tumble) gemacht haben und sie muß sowohl dies gelernt
haben, als auch Nachts bis zu einer großen Höhe fliegen.

Die Fähigkeit zum Purzeln ist, wie Dr. Seelig=Kiel meint,
eine ererbte, der ganzen Rasse eigenthümliche, allein die Ausübung
derselben ist an gewisse individuelle und temporäre Bedingungen
geknüpft. Es kann vorkommen, daß eine Taube, welche beiderseits
von ächten purzelnden Aeltern abstammt, doch selbst diese Fertigkeit
niemals erlangt, ja selbst keinen Versuch dazu macht. Es ist aber
dann beinahe Regel, daß die Nachzucht solcher Thiere doch wieder
vollkommene Purzler werden.

Außerdem aber ist für die Ausübung dieser Fertigkeit die un=
erläßliche Voraussetzung, daß die betreffenden Thiere sowol
im Zustande vollkommenster Gesundheit und Kraft sich
befinden, als auch in ihnen bereits bekannten Regionen
fliegen. Auch der beste Purzler unterläßt das Umschlagen, sobald er
krank, entkräftet oder stark in der Mauser befindlich ist. Ebenso muß
ein Purzler, welcher nach einem fremden Orte versetzt wird, in seiner
neuen Umgebung sich erst einleben, ehe er seine Kunst zeigt. Darüber
können Wochen, ja selbst Monate vergehen; nicht selten ist erst die
nächste Frühlings=Parzeit der Zeitpunkt, zu welchem er damit wieder
anfängt.

Ein guter Purzler führt den Umschlag aus, nicht blos beim
Schwenken und Kreisen in der Luft oder beim Herabsteigen, sondern
schon beim Aufsteigen. Dies Manöver erfolgt bei derartigen guten
Thieren in der Weise, daß die Taube die Flügel über dem Rücken
zusammenschlägt, in demselben Augenblick aber sich blitzschnell rücklings
über= und herumwirft und dann mit einem sehr kräftigen Flügelschlage
in der vorher verfolgten Richtung sich weiter fortbewegt. Dabei darf,
wenn das Thier im Aufsteigen oder Kreisen begriffen ist, ein dem
Auge bemerkbares Sinken garnicht stattfinden.

1

Sehr kräftige und geübte Purzler tümmeln allerdings wol zwei= oder dreimal unmittelbar hintereinander; zwischen jedem Umschwung wird aber der eben angeführte kräftige Flügelschlag gemacht, durch welchen sie sich wieder in die vorige Flugbahn versetzen. Es erfolgen indessen diese Bewegungen so schnell, daß man sie nur mit gutem Auge und voller Aufmerksamkeit einzeln wahrnimmt. Ein Theil der Tümmler=Liebhaber jagt auch die Purzler und läßt sie Trupp fliegen. Auch hierbei wird von den guten Fliegern das Umwerfen ausgeübt, ohne daß sie dabei am Aufsteigen gehindert würden, oder aus der Flugt fielen. Die Schnelligkeit und Kraft, womit sie ihr Kunststück ausüben, erhält sie eben in der eingeschlagenen Flugrichtung.

Anfänger beginnen zuerst damit, daß sie beim Kreisen in der Luft plötzlich innehalten, eine nahezu senkrechte Stellung einnehmen, während sie die Flügel über dem Kopfe zusammenschlagen und den Schwanz, ziemlich wagrecht, also im rechten Winkel gegen den Rücken, ausgebreitet halten. Man bezeichnet diese Bewegung, wobei ein wirk= licher Umschlag noch nicht erfolgt, wol aber ein sehr bemerkbares Herabsinken, mit dem Ausdruck: „auf dem Schwanze reiten" oder auch „knicken". Nachdem diese vorbereitende Uebung eine Zeit lang angestellt ist, faßt die Taube dann endlich den Muth, ganz umzu= schlagen, was anfangs noch ziemlich ungeschickt ausgeführt wird. Bald aber erlangt sie durch häufige Uebung größere Fertigkeit und thut es ihren Vorbildern gleich. Stümper aber bleiben für immer auf dieser Anfangsstufe stehen, reiten entweder nur auf dem Schwanze, oder führen, wenn es wirklich zum Umschlagen kommt, dieses fehler= haft aus, indem sie dabei jedesmal beträchtlich herabsinken, bisweilen auch wohl schief seitwärts überschlagen. Solche stümperhaften Thiere werden natürlich gering geachtet, und insbesondre von Liebhabern, welche ihre Tauben jagen und Trupp fliegen lassen, nicht dazwischen geduldet, weil sie die Flugt verderben. Bei vollkommenen Purzlern ist letzteres durchaus nicht der Fall. Es mag richtig sein, daß eine aus Purzlern zusammengesetzte Flugt vielleicht nicht bis zu der Höhe aufsteigt, welche die eigentlichen Hochflieger erreichen, andrerseits kann aber wol nicht in Abrede gestellt werden, daß das Purzeln, wenn es in vollkommener Weise und namentlich von einer größern Anzahl Tauben zugleich geübt wird, dem Liebhaber noch eine besondre Augen= weide gewährt. Interessant ist es vor allem auch bei frei umher= fliegenden Tauben den einzelnen Paaren zuzusehen, welche ihre Hochzeitsflüge mit einander machen, wie besonders der Täuber alle seine Kunst vor der Gefährtin aufzubieten scheint, die es ihm dann nachzuthun bemüht ist.

Purzler, welche das Umschlagen nur beim Herabsteigen ausführen, oder welche dabei sichtlich sinken, gelten nicht als Tümmler ersten

Ranges. Es kommen bisweilen einzelne Thiere vor, welche das Umschlagen in der Weise ausüben, wie es von den Englischen Rollers beschrieben wird, d. h. welche vielmal hintereinander ohne anzuhalten purzeln und dabei beständig herabfallen, sodaß sie nicht selten auf ein Dach aufschlagen und dabei Schaden leiden. Diese Art des Purzelns sieht man aber als eine fehlerhafte, wahrscheinlich auf einer Krankheit beruhende an, da solche Thiere meist bald zugrunde gehen, ohne Nachzucht zu liefern. Das klatschende Zusammenschlagen der Flügel, welches in den Beschreibungen des Purzelns meist erwähnt wird, ist vorzugsweise nur bei denjenigen Thieren wahrzunehmen, welche blos „auf dem Schwanze reiten", oder beim Herabsinken tümmeln, bei vollkommenen Purzlern dagegen nur selten oder gar nicht. Diesen bleibt gar keine Zeit für solche Bewegung, da sie die meiste Kraft auf den dem Umschlag folgenden Flügelschlag verwenden müssen, durch welchen sie ihr Gleichgewicht wieder erhalten.

Die Behauptung, daß das Purzeln ursprünglich schon das charakteristische Merkmal der ganzen Tümmlerraffe gewesen, hat in den ornithologischen Zeitschriften vielen Staub aufgewirbelt. Einer der größten Tümmlerzüchter Deutschlands, Herr W. Hevernick-Stralsund*), glaubt, „da die Tümmler fleißig angehalten wurden, sich je nach den Anforderungen der Liebhaber zu deren Vergnügen längere Zeit spielend, fliegend in der Luft zu bewegen, daß, als sie in diesen Flugübungen eine bedeutende Ausdauer und Sicherheit erlangt hatten, sich bei einzelnen Individuen, welche ganz besonders gewandt waren, aus Uebermuth die eigenthümliche Bewegung des Purzelns entwickelt hat. Diese ist bemerkt worden, hat große Bewunderung erregt, man ist bemüht gewesen, diese eigenthümliche Eigenschaft erblich zu machen, was durch Geschick und Beharrlichkeit langsam gelungen ist; man hat dann alle Individuen, welche nicht purzelten, bei der Weiterzucht sorgfältig abgesondert, und so ist allmälig die Purzlerraffe entstanden und einigermaßen constant geworden. Für diese Annahme führt Hevernick folgende Thatsachen an.

Daß die eigenthümliche Bewegungsart des Purzelns aus Uebermuth entstanden, wird durch den Umstand sehr wahrscheinlich, daß selbst der stärkste Purzler, sobald er nicht übermüthig ist, oder wenn er sich nicht ganz wohl oder heimisch fühlt, das Purzeln unterläßt. Setzt man einen oder mehrere Purzler auf einer ihnen unbekannten, 10—15 Minuten von ihrem Schlage entfernten Stelle in Freiheit, so werden sie einzeln oder zusammen in die Höhe steigen, um sich zu orientiren, ohne zu purzeln, dann der ihnen bekannten Gegend zueilen

---

*) Kaufmann Wilhelm Hevernick, geboren 15. Februar 1831 zu Stralsund, gestorben 31. Januar 1880 ebendaselbst.

und erst, wenn sie vollkommen sicher sind, daß sie über ihrer Heimath fliegen, werden sie anfangen zu purzeln. Läßt man einen guten Purzler, welcher gewöhnt ist, Trupp zu fliegen, seinem bereits oben in der Luft sich befindenden Trupp einzeln nachfliegen, so wird er diesen in aufsteigender Spirallinie möglichst bald zu erreichen suchen; er purzelt aber nicht früher, als bis er den Trupp erreicht hat. Diese Beobachtungen sind natürlich nur an gut eingejagten Purzlern zu machen.

Wird nun aber angenommen, daß die Eigenthümlichkeit des Purzelns nicht auf der angegebenen oder ähnlichen Weise bei gezähmten Tauben entstanden, sondern, daß der Purzlertrieb eine der Raffe angeborene Eigenthümlichkeit sei, so müßten die Purzler von einer wilden Purzler=Taubenart abstammen. Dies ist aber gar nicht anzunehmen, denn bei einer wilden Taube, welche nur fliegt im Kampfe ums Dasein, also stets nur zu einem ganz bestimmten Zweck, entweder um Futter für die Jungen zu suchen, einem Raubthier zu entgehen oder auf dem Zuge, also niemals zu ihrem Vergnügen oder aus Uebermuth, wird schwerlich die Neigung zu solcher eigenthümlichen Bewegung entstehen. Aber auch zugestanden, daß es eine wilde purzelnde Taubenart gegeben hat, warum sollte diese sich denn nur so lange oder doch nicht viel länger im wilden Zustand erhalten haben, bis einige davon vom Menschen gezähmt worden sind und dann ausgestorben sein? Es ist viel wahrscheinlicher, daß, wenn diese wilde Taubenart sich so lange gehalten hätte, sie auch noch heute in wildem Zustand lebte, denn die Bedingungen zur Erhaltung von Raffen wilder Tauben sind kaum ungünstiger geworden. Wäre aber das Purzeln eine aus der Wildheit stammende Eigenthümlichkeit, so müßte diese Gewohnheit bei allen Purzlern ganz gleich oder doch fast ganz gleich sein, ebenso wie unsere anderen Hausthiere alle die der betreffenden wilden Raffe eigenen, sich von anderen Thieren auszeichnenden Eigenthümlichkeiten beibehalten haben. Bei den Purzlern ist dies aber nicht der Fall, im Gegentheil, jedes Individuum hat seine eigene Art und Weise, zu purzeln, und die Hauptunterschiede im Purzeln bilden sich nach der Art und Weise, wie die Tauben behandelt, bezl. dressirt werden. Die Purzler, welche vereinzelt zwischen einer ganzen Flugt Tauben gejagt werden, die sehr hoch und sehr lange fliegen, purzeln sehr wenig, und wenn sie es thun, sehr rasch und nur einmal, weil sie sonst hinter oder unter die Flugt kommen würden. Werden ausschließlich Purzler regelmäßig gejagt, so fliegen sie nicht voll so hoch, namentlich aber nicht so lange, purzeln öfter, fallen dabei aber schon etwas mehr. Jagt man die Purzler nicht regelmäßig und hält sie nicht zum Hochfliegen an, so fliegen sie, wenn abgejagt, wol ¼—½ Stunde, purzeln dabei aber so oft und schlagen mehrere Male hinter

einander um, daß sich der ganze Trupp beim Purzeln förmlich auflöst
wie eine explodirende Leuchtkugel und sich nach dem Purzeln erst
wieder zusammenzieht. Läßt man Purzlern bei gutem Wetter den
ganzen Tag ihre Freiheit, so fliegen sie meistens nur parweise um
das Haus herum und purzeln dabei in der Regel oft und stark,
fangen leichter an zu rollen und gewöhnen sich auch das Purzeln auf
kurze Entfernung an, z. B. wenn sie vom Dach auf den Schlag fliegen.

Man sieht demnach, der Trieb und die Fähigkeit zum Purzeln
sind abhängig von Bedingungen, d. h. je weniger Zeit und Gelegen=
heit die Tümmler zum Purzeln haben, desto weniger thun sie es, und
je mehr Gelegenheit und Zeit man ihnen gibt, um so öfter führen
sie diese Bewegungen aus. Eine natürliche Anlage zum Purzeln ist
also da bei den Purzlern, diese natürliche Anlage ist aber auch vor=
handen bei der ganzen Tümmler=Familie, wenn auch in nicht so
hohem Maße, weil die Gewohnheit des Purzelns bei den Vorfahren
nicht vorhanden war, also sich auch nicht in dem Maße vererben
konnte. Diese Neigung zum Purzeln bildet sich nicht bei allen In=
dividuen aus, am meisten bei jungen Thieren, und zwar vorzugsweise
bei Täubern." Hevernick hat beobachtet, daß alle Tümmler=Varietäten,
die er kennt, das Purzeln erlernen, sobald einzelne Paare davon
zwischen vielen Purzlern gehalten und gejagt werden, wenn auch streng
darauf gesehen wird, daß die Rasse ganz rein bleibt und kein Purzler=
blut dazwischen kommt. Sind diese Tümmler schon mehrere Jahre
alt, so erlernen sie das Purzeln selten, aber bereits unter den ersten
Jungen fängt oft schon eins an zu knicken, d. h. auf dem Schwanze
zu reiten, auch wohl schon umzuschlagen. Auf diese Weise entstandene
Purzler hat er gesehen von: Hannoverschen Weißschlägen, Berliner
Blaubunten, Prager Tigern, weißen Stralsundern, Dänischen Tigern
und Danzigern. Auch den Fall, daß ein Mönnchen und eine Pfau=
taube gepurzelt haben, ist ihm bekannt, doch konnte er über ihre
Abstammung nichts Zuverlässiges erfahren, und ist daher die Möglich=
keit vorhanden, daß sie von einem Purzler abstammten; immerhin
war es eine große Eigenthümlichkeit, daß eine Pfautaube mit ziemlich
aufrecht stehendem vollen Schwanz purzelte.

Tegetmaier ist der Ansicht, daß die verschiedenen excentrischen
Bewegungen der Tümmler von einer außerordentlichen Reizbarkeit des
Nervensystems herrühren, und zu einer Vergleichung, die zwischen
ihnen und der unfreiwilligen tremulirenden Bewegung im Nacken der
Pfautauben erscheint, veranlassen. Henry Kesteven, Mitglied des
Königlichen Kollegium der Wundärzte, schreibt das Purzeln einer Art
von Epilepsie (Fallsucht) zu. Wenn man die Tümmler nämlich sorg=
fältig beobachtet, so wird man finden, daß der Akt des Purzelns in
einem heftigen Krampf der Rückenmuskeln besteht; der Rücken wird

in der Form eines Bogens gekrümmt, während die Schwingen zu derselben Zeit über dem Rücken zusammenschlagen. Es ist somit ein konvulsivischer Muskelkrampf irgend welcher Art und dies grade ist ja der vorherrschende Zug der Epilepsie, von der wir auch wissen, daß sie durch verschiedene Ursachen hervorgerufen wird.

Es ist heutzutage ebenfalls wohlbekannt, daß, wenn gute Roller beim Herabsteigen sich stoßen oder mit irgend einem Gegenstande in Berührung kommen, wie z. B. mit einem Schornstein, sie oft umschlagen, wie es die sogenannten tollen Tümmler machen, deren Purzeln voll=ständig unbeherrschbar ist. Die Aehnlichkeit zwischen diesen und den armen Indischen Tauben, welche über und über rollen, wenn sie am Nacken geschüttelt oder an den Kopf gestoßen werden, ist leicht zu begreifen. Man hat auch die Beobachtung gemacht, daß Haustümmler oft eine sehr merkliche Furcht vor dem Ueberpurzeln an den Tag legen, indem sie stundenlang an irgend einer Stelle sitzen und nicht wagen, sie zu verlassen, sich auch sogar vor dem Besitzer zu verstecken suchen, von dem sie wissen, daß er sie zum Purzeln antreibt. Ebenso gut ist es bekannt, daß eine epileptische Anlage in geschloßnem Raume zunimmt. Das bloße Fangen der Tauben veranlaßt auch sehr häufig bei einzelnen Thieren einen ähnlichen Zustand, und alle Vögel, welche einzeln gefangen gehalten werden, haben die Neigung, eine nervöse Reizbarkeit zu entwickeln, die ihnen nicht natürlich ist. Es ist somit ganz leicht zu begreifen, auf welche Weise das Purzeln zuerst sich ausbildet, dann entwickelt und fortgepflanzt hat.

Die Wahrscheinlichkeit dieser Annahme scheint noch bedeutender, wenn noch einige andere Umstände beachtet werden, obgleich grade einige derselben als Einwürfe dagegen hervorgebracht worden sind. Man hat z. B. gefragt, warum das Purzeln nur auf einen Zweig der Taubenfamilie beschränkt blieb. Die Antwort ist die, daß dies richtig genommen, gar nicht so ist. Kesteven fand z. B. einen reinen Antwerpener Täuber, der purzelte und von einigen andern Rassen wurde dies auch berichtet, wie von der Pfautaube Heverniď's.

Es wird ferner gesagt, daß keine Ursache zu sehen sei, welche die konvulsivischen Anfälle, denen diese Tümmlertauben unterliegen, recht=fertigen. Aber es ist doch natürlich, daß entweder das rasche Auf=steigen in der Luft, oder der rasche Blutumlauf, der durch das Fliegen hervorgerufen wird, wol genügend ist, den nöthigen Anreiz zu unterstützen. Noch viel wichtiger ist aber die Thatsache, die viele Züchter kennen, daß, wenn Roller unbegrenzter Freiheit überlassen sind, ihre Purzelmanier nachläßt, ja sogar nach und nach aufhört, und das paßt genau zu der Ansicht, daß die Neigung zur Fallsucht durch halbes Einsperren oder durch andere aufregende Ursachen entwickelt worden ist. In solchem Falle darf man wol voraussetzen, daß eine

unbeschränkte Freiheit vielleicht dazu angethan sein dürfte, das Nerven=
system auf einen natürlichen Zustand zurückzuführen, und das thut
es auch. Demnach ist es zu begreifen, wie viele Varietäten von Tümm=
lern aus Mangel an Veredelung alle Neigung zum Purzeln verlieren.

Noch eine weitere Thatsache versichert Kesteven, und diese Ver=
sicherung darf als Schlußpunkt angesehen werden, namentlich, wenn
sie auch noch durch andere Beobachtungen bekräftigt sind. Er unter=
warf das Gehirn eines jungen weißköpfigen Tümmlers einer mikro=
skopischen Untersuchung, und fand, daß die Haut der Blutgefäße
verdickt war und somit einen unnatürlichen und unregelmäßigen Blut=
druck verursachte. Solche Erscheinungen sind ungefähr ebenso das
einzige beständige Zeichen bei der Epilepsie in dem menschlichen Gehirn.

L. Whright ist ebenfalls dieser Ansicht, und es steht für ihn
auch außer allem Zweifel, daß das Purzeln ein Zeichen irgend einer
epileptischen Krankheit ist; doch daraus folgt noch nicht, daß alles
Purzeln vollständig willenlos sei und daß es von einem Leiden des
Vogels herrühre. Dieselben nervösen Empfindlichkeiten, welche so viel
Vergnügen gewähren, sind auch in gewissem Grade fähig, bedeutendes
Leiden zu verursachen. Ebenso ist es wolbekannt, daß Handlungen,
welche gewöhnlich den Charakter einer Krankheit tragen, durch häufige
Wiederholungen Gewohnheiten werden und dann eine Art von Ver=
gnügen gewähren, zugleich aber auch unter Aufsicht sich vergrößern.
Ja die Grenzlinie zwischen freiwillig und unfreiwillig ist nicht genau
bestimmt.

Nehmen wir z. B. einen ganz verwandten Fall mit dem eben
Besprochenen; es ist z. B. ganz sicher, daß hysterische Anfälle in
hunderten von Fällen in mehr oder weniger freiwilliger Weise be=
ginnen, obgleich sie, wenn sie unbeschränkt sind, über die Kontrole des
Patienten hinausgehen und Leiden verursachen. Daher ist es wol
begreiflich, daß sogar eine krankhafte Handlung einer epileptischen
Natur nicht nur in einer Art theilweise kontrolirbar, sondern auch
fähig erscheint, Vergnügen zu bereiten. Beobachtung neigt dazu hin,
diese Ansicht zu bestätigen. Wenn der arme Bodentümmler niemals
freiwillig purzelt, und der Haustümmler Zeichen von Furcht und
Schrecken zeigt, so ist es auch nicht weniger wahr, daß der wirkliche
Flugtümmler Begierde und Freude zeigt, wenn er zu jenen Flügen
sich anschickt, die er als solche durch Erfahrung kennen muß, die ihm
den Antrieb zu der krampfhaften Handlung geben.

Die Hochflieger unterscheiden sich von den eben geschilderten
Purzlern nur dadurch, daß ihr Flug gleichsam durch Abrichtung geregelt
ist und sich lediglich auf hohes und anhaltendes Fliegen im guten
Stil beschränkt. Flügelklatschen oder gelegentliches Ueberschlagen ist
dabei nicht ausgeschlossen; nur darf letzteres nicht in zusammenhängenden

Purzelbäumen bestehen, sondern jedesmal nur in einer Umdrehung und ohne Herabfallen; keine Taube darf dabei im Fluge zurückbleiben, ihre regelmäßige Entfernung von den anderen verlieren oder jene stören Wildfänge, welche gegen diese Regeln verstoßen, werden von passionirten Liebhabern sofort ausgemerzt. Die Kraft und Ausdauer des Hoch= fliegers ist erstaunlich, er fliegt in der geschilderten Weise 2 bis 5 Stunden hindurch in der Luft umher, sogar in mondhellen Nächten und dann in so großer Höhe, daß selbst das schärfste Auge Mühe hat, den Schwarm aufzufinden und zu verfolgen Hierbei kommt es dann nicht selten vor, daß eine ganze Flugt bei einbrechender Dämmerung oder einem herannahenden Gewitter, immer höher hinaufsteigt und die ganze Nacht hindurch fliegt, bis die Tauben ermattet oder von der feuchten obern Luftschicht durchnäßt, oft meilenweit von ihrem Schlage zur Erde herunterkommen. Ihr Flug ist, sind die Tauben erst in richtige Höhe gelangt, langsam und ruhig, mit grade ausgestreckten Fittigen, jede hält sich von ihrem Nachbar in gehöriger Entfernung, d. h. nur so weit, um sich gegenseitig nicht zu hindern. Dieses ausdauernde Fliegen in den oberen Luftschichten, bis wohin keine andere Taubenart sich erhebt, scheint sie nichts weniger als abzumatten, da sie nie gesünder sind und besser züchten, als wenn sie täglich eine solche Bewegung haben. Die Hochflieger werden von einem Ausflug zum andern ein= gesperrt gehalten. Sollen sie fliegen, so werden sie in größerer oder kleinerer Zahl aus dem Schlage gejagt. Sie erheben sich dann sofort in spiralförmigen Kreisen, gleichsam bohrend in die Lüfte, majestätisch und ruhig mit gleichmäßigem Flügelschlag und fallen nach vollendetem Fluge auf dem Dache ihres Besitzers an, um sich sofort in den Schlag zu begeben. Das Jagen ist in den verschiedenen Gegenden in den Einzelheiten verschieden, in Hauptsachen aber überall sich gleich. Dasselbe gilt in Bezug auf die Dressur.

Die praktischen Regeln zur Ausbildung der natürlichen Anlagen des Tümmlers zum langen, anhaltenden Fliegen sind folgende. Das Einüben der Jungen muß durch die besten alten Flieger ge= schehen. Wollen sie anfangs zeitweise nicht fliegen, so muß man sie nicht zwingen. Man lasse die langfliegenden Tauben täglich nur ein= mal abfliegen, zeigen sie keine Lust dazu, so suche man sie nicht zu zwingen. Unmittelbar vor dem Auslassen dürfen sie nicht gefüttert, sie müssen überhaupt mäßig gehalten werden. „Sieben Stunden (Flug= zeit) sieben Bohnen" pflegt man zu sagen. Bei Wind, Nebel, Schnee und Regen, auch bei scharfer Ostluft läßt man sie nicht aus. Haben sie ihre Tour für einen Tag gemacht, so lasse man sie an diesem Tage nicht wieder aus dem Schlage, was durch die sogenannten Gabeln am Flugloch, die sich nur von außen nach innen öffnen, verhindert wird. Man lasse sie nie mit Tauben geringerer Flugfähigkeit fliegen.

Das Anfallen auf dem Dache ihres Schlages und sofortiges Eingehen in denselben erlernen sie bald, weil ihrer nach dem Fluge das Futter darin wartet. Einigemal etwas Futter auf das Flugbrett gestreut, befördert dies.

In einigen Städten, z. B. in Magdeburg, Braunschweig, Halber-stadt und Wolfenbüttel, hat man die Gewohnheit, die kräftigsten jungen Täuber (meistens Barttümmler) zu kapaunen, theils um die Flugkraft zu vermehren, theils der größern Schönheit der Färbung des Gefieders wegen. Letzteres wird erreicht, die Farben bleiben kräftiger, daß aber die Flugkraft durch Kastriren vermehrt werde, streitet gegen die Erfahrung. Dagegen hat ein solcher Kastrat allerdings nie eheliche Abhaltungen vom Fliegen. Verschnitten kann ein junger Täuber nur erst mit Beginn seiner Mannbarkeit werden; früher erreichen die Testikel die erforderliche Größe und Härte nicht, werden auch selten ganz heraus-gebracht und das Zurückgebliebene erregt das Thier zur Heckzeit; es fängt an, die Täubin zu treiben, tritt sie auch, wenngleich ohne Erfolg. Während der ersten Tage nach der Operation muß der Kapaun sehr vorsichtig behandelt werden. Am ersten Tage erhält er weder Futter, noch Wasser, am zweiten kleine Gaben von beiden, am dritten das gewöhnliche Maß, doch läßt man das Thier noch ungestört abgesperrt sitzen. Nachher gibt man es frei und jagt es ein. Der Kapaun ist von da an für immer zeugungsunfähig und stumm, er kümmert sich um keine Täubin. Hat er seine Zeit abgeflogen, so nimmt er die ein-mal gewählte feste Stelle im Schlage ein und sitzt daselbst still und traurig. Eigenthümlich ist es, daß sich keine andere Rasse zum Ver-schneiden so eignet, als die Braunschweiger und Magdeburger Taube. Man findet in den Trupps derselben noch allerlei Zeichnungen, Weiß-schwänze, Elsterbunte, namentlich Kopenhagener, hin und wieder Deutsche Mövchen, auch Berliner Blaubunte (sogenannte Langnasen) und Tiger.

Zu welcher Zeit und in welchem Lande das Vergnügen zuerst Mode geworden, die Tümmler zum Ausfluge zu gewöhnen, sie mit einer Fahne zu jagen, um sie hoch in der Luft zu verschiedenen Tages-zeiten von dem Taubenboden oder Schlage ausfliegen zu sehen, sie mit anderen Flugten zu gleicher Absicht vereinigen und so untereinander gemischt eine Weile in der Luft kreisen zu lassen, bis sie sich dann trennen und jeder Trupp nach seinem Schlage zurückzieht, ist unbekannt, wenigstens findet man darüber nichts in Deutschen ökonomischen und statistischen Schriften aufgezeichnet; auch die wenigen älteren Tauben-bücher schweigen darüber und erwähnen nur der Tauben zum Ver-gnügen der Städter auf den Höfen, und derjenigen auf dem Lande, welche in das Feld ziehen um sich daselbst zu ernähren, und dann wieder zu ihren Schlägen auf den Besitzungen der Landleute und in die Häuser der Kleinstädter zurückkehren.

Belon*) ſah i. J. 1555 in Paphlagonien, wie er ſagt, „ein vollkommen neues Ding, nämlich Tauben, welche ſo hoch in die Luft flogen, daß ſie aus dem Auge verſchwanden, aber zu ihrem Tauben= hauſe zurückkehrten, ohne ſich getrennt zu haben".

In Italien ſoll es nach den uns gemachten Mittheilungen des Profeſſor Paoli Bonizzi in Modena ſchon im 17. Jahrhundert derartige Flugten gegeben haben, und die von den Einwohnern Modenas ge= züchtete Taubenraſſe (Triganina) wurde ganz beſonders für dieſen Sport „Giuco" dreſſirt. Die Art, wie das Spiel vor ſich geht, iſt im Grunde genommen dieſelbe wie allerwärts (oder wie in Deutſchland, Belgien, Frankreich, England und Spanien). Jeder Triganiero muß auf dem oberſten Dache ſeines Hauſes eine kleine Plattform mit einem Thürmchen haben, von der aus er das Spiel leiten kann. Solcher Thürmchen ſieht man in Modena auf vielen Häuſern an= gebracht. Zum Spiele ſelbſt benutzt man meiſtens nur 7—8 Monate alte Junge, welche noch nicht gebrütet haben. Ueberdies wird das Spiel nur im Winter betrieben, wenn keine Taube mehr brütet. Der Taubenboden ſelbſt iſt mit dem Thürmchen durch eine Fallthüre ver= bunden, vermittelſt welcher man in das Thürmchen und von da auf die Plattform gelangen kann. Das Thürmchen iſt von drei Seiten von Brettern oder Latten gebildet, an der vierten Seite offen. Die Höhe beträgt nicht mehr als 1½ Meter. Im Innern deſſelben befinden ſich drei Käfige, in welche man die Tauben, die man zum Spiele benutzen, alſo fliegen laſſen will, vorher hineinſperrt. Bei jungen Tauben, die das Spiel noch nicht mitgemacht, bedarf es natürlich zu= vor großer Mühe, um ſie zu dreſſiren. Man läßt ſie recht hungrig werden, indem man ſie ein par Tage nur mit Reis füttert, und läßt ſie dann bei ſchönem Wetter fliegen, ſtreut aber gleichzeitig das beſte Futter in Geſtalt von Weizen und Hirſe auf die Plattform aus. Die hungrigen Tauben möchten natürlich gleich darüber herfallen, daran verhindert ſie aber der Triganiero durch ſeine Fahne, durch deren Schwenken er ſie beliebig lange Zeit fliegen laſſen kann. Sobald er die Fahne ſenkt, kommen die Tauben ſofort zur Plattform zurück.

Die Hauptaufgabe der Dreſſur iſt nun, die eigenen Tauben dahin zu bringen, daß, wenn unter andere fremde Taubenſtiche gemiſcht, ſie ſich auf ein Zeichen ihres Herrn möglichſt ſchnell und exakt von dieſen loslöſen und womöglich von den fremden, weniger ſtichfeſten Tauben einige mitnehmen. Dieſe fremden Tauben werden vermittelſt einer Falle, die an dem Thürmchen befeſtigt iſt, gefangen, und ſo lange das Spiel nur zur Uebung betrieben wird, ſofort wieder an den Beſitzer zurückgegeben. Wird aus dem Spiel aber ſpäter Ernſt, ſo müſſen die

---

*) Peter Belon. Histoire de la nature des oisseaux. 1517—1565.

gefangenen Tauben gegen eine Summe von 1 Modeneſer Lire, die 38 Centimes entſpricht, eingelöſt werden, früher wurden ſie ſogar vor den Augen ihres Beſitzers getödtet.*)

Das Giuoco, das Taubenſpiel, von welchem Reiſende in Italien und Spanien berichten, ſteht in Indien auf einer viel höheren Stufe der Entwicklung und iſt in ausgedehnterem Maße in Uebung als in den genannten Ländern. Alle Reiſenden, die das Zauberland beſucht, wiſſen zu erzählen, daß im Hauſe jedes wohlhabenden Indiſchen Lieb=habers ein Mann lediglich dazu angeſtellt iſt, Taubenflüge zu dreſſiren, welche in der Luft Bewegungen nach Wunſch des Beſitzers ausführen.

Wer Indiens Großſtädte beſucht, der wird eine Stunde vor Sonnenuntergang bis zum Ende der Dämmerung auf allen Seiten Triganievo (Italieniſche Bezeichnung der Flugdirigenten) bemerken, die von den Dächern aus mittelſt kleiner Fahnen den Flug einer unzähligen Taubenmenge lenken.

In Delhi, wo dieſer Sport in höchſter Blüthe ſteht, bedecken zur Zeit, da die Liebhaber ſich dieſem Vergnügen hingeben, die Tauben=ſchaaren, die über der Stadt kreiſen, buchſtäblich den Himmel. Auch in Calcutta gibt es eine große Zahl Liebhaber dieſes Spieles, und jeder Fremde, der einem ſolchen Spektakel beiwohnen will, kann es zur reglementären Stunde, d. i. eine Stunde vor Sonnenuntergang, bewundern. Mein Gewährsmann, ſchreibt Herr J. C. Lyell an La Perre de Roo, hatte in Calcutta das Glück, im Palaſte des Königs von Oude einmal Augenzeuge des ganzen Vorganges zu ſein, und war ſo freundlich, mir das Bild zu ſchildern, das ſich vor ſeinen Augen entrollte. Der König beſitzt vier Flüge Tauben von vier verſchiedenen Farben. Leider erinnerte ſich Herr Lyell aus Dundee, der eine Reihe von Jahren Indien bewohnt hat, nicht mehr des Namens, womit der König den mittelgroßen Schlag mit farbigem Kopfe und gleichfarbig geflecktem, übrigens weißen Körper bezeichnete. Die Tauben eines jeden Schwarmes waren an der Farbe der Köpfe ſchwarz, roth, gelb und blau leicht zu erkennen. Herr Lyell ſchätzte die Anzahl der Thiere, die je einen Flug bildeten, auf circa 1000 Stück, die alle gleich gefärbten Kopf hatten, dagegen ſonſt ſo unregelmäßig gefleckt waren, daß es ſchwer geweſen ſein würde, unter der großen Zahl zwei vollkommen gleiche Thiere zu finden.

Um recht genau beobachten zu können, nahm der Erzähler in nächſter Nähe des Triganiero auf der Plattform des Schlages der Blauen Platz, von wo aus er ſehen konnte, wie ſich die vier Schwärme erhoben und ihre Flugexercitien ausführten. Die blauen wurden zuerſt herausgelaſſen oder vielmehr mit Hilfe des Fähnchens aus dem Schlage

---

*) Gradeſo wie in Berlin.

herausgetrieben und ließen sich zunächst auf einem vor ihrem Wohnraume errichteten Sitzgestell nieder. Der Triganiero gab das Zeichen zum Aufsteigen durch einen scharfen Pfiff mittelst Daumen und Zeigefinger und bewegte die kleine Fahne im vollen Kreise. Die Tauben gehorchten diesem Befehle, wie die bestdisciplinirten Soldaten, erhoben sich in dichter Säule in die Luft, wo sie im Schwarme weite Kreisflüge beschrieben. Die drei anderen gleichstarken Schwärme wurden der Reihe nach frei gelassen, und es war ein in der That bewunderungswürdiges Schauspiel, erzählte Herr Lyell, die vier Taubenschaaren mit ihren verschiedenen Farben hoch erhoben und einen Büchsenschuß über uns sich ausbreiten zu sehen. Der Himmel war von ihnen thatsächlich verdüstert, und das Geräusch ihrer Flügelschläge erfüllte die Luft mit weit hörbarem, fortgesetztem Sausen.

Was jedoch den merkwürdigsten Eindruck auf den Berichterstatter gemacht, das war, zu sehen, wie diese immensen Schaaren bald sich verfolgten, bald sich öffneten einen nachkommenden Schwarm hindurch zu lassen, bald wirr durcheinander flogen, sich wieder nach ihren Farben trennten, bald in ausgedehnter Front, wie zu einer Reiterattaque herankamen, sich wieder vermischten und unzählige Kreise über ihren Wohnstätten zogen.

Ich amüsirte mich lange so an der Betrachtung dieser Evolutionen, fährt Herr Lyell fort, war jedoch begierig, die Rückkehr der Flüge mit anzusehen. Auch diese erfolgte mit bewundernswerther Schnelligkeit auf das Commando des Dresseurs. Sobald der Triganiero die Fahne senkte und seine Hand in ein mit Körnern gefülltes Gefäß griff, verfehlte der Hunger nicht, die Tauben rasch herabzubringen. Sie hielten plötzlich mit dem Fluge inne, erhielten sich einen Augenblick rüttelnd wie die Falken auf einem Punkte und kamen dann in dichten Haufen vor unseren Füßen auf den Boden, wo alle Futtersorten, welche die Tauben besonders lieben, ausgestreut waren.

In der Eile des Herabfliegens war 'eine Taube mit gelbem Kopf in den blauen Schwarm gerathen; der Triganiero fing sie ein, schüttelte sie heftig und gab ihr die Freiheit wieder, und nach also beendetem Flugspiel zogen sich die Gäste der Indischen Majestät voll Bewunderung von dem Schauspiele zurück."

Werfen wir jetzt einen Blick auf die heutige Flugtauben-Liebhaberei und speciell auf die in Berlin, wo sie mit am meisten entwickelt ist.

Dem von Dr. Ruß herausgegebenen „Geflügelhof" entnehmen wir darüber Folgendes:

„Zu welcher Tageszeit und von welcher Seite her man sich gegenwärtig Berlin auch nähern mag, stets wird man bei nur einiger-maßen leidlichem Wetter erfreut durch reiche Flüge hellschimmernder

Tauben, welche in großer Anzahl hoch über den gewaltigen Häuser=
massen die Luft durchschneiden. Gewähren diese Flüge bei lichtem,
heiterm Himmel schon einen herrlichen Anblick, so erweisen sie sich,
wenn die Nebel sich lichten oder dichten, für den Beschauer als eine
märchenhafte, immer wieder fesselnde Erscheinung. Namentlich wird
der vom Tempelhofer Felde oder vom Kreuzberge her sich Nahende
um die Morgen= oder Abendzeit ganz wunderbar ergötzt: Grau in
Grau breitet sich der Nebel über die endlose Stadt, die schwachen
Sonnenstrahlen spielen an seinen äußersten Kanten, ohnmächtig, ihn
zu durchbringen — da plötzlich taucht eine kleine weiße, seidenartig
glänzende Wolke Tauben aus dem Grau, eine zweite, dritte, vierte
folgt links; in der Mitte tauchen sie gleichfalls auf, und dort rechts
eine nicht minder große Zahl. Sie fesseln unwillkürlich das Auge:
sie blinken auf, verschwinden, erscheinen von unten nach oben,
tauchen wieder ein in das endlose Meer, vereinigen sich scheinbar,
um einander wieder zu fliehen, jetzt regelmäßige Kreise beschreibend
und wunderliche Ringe zeichnend, jetzt wieder sich in engeren Kreisen
durcheinander schlingend. Hier vereinigen sich zwei Wölkchen, dort
reißen sich Wölkchen von einander ab — man bedauert es, daß die
Zeit so drängt; man könnte stundenlang zuschauen.

Ist so das Auge des nur einmal zufällig Erregten schon
freudig gefesselt, wie viel mehr das des Liebhabers, Kenners
und Eigenthümers! Sieht sein Auge doch nicht blos eine lichte
Wolke, sondern eine Anzahl Lieblinge, von denen die einzelnen ihm
bekannt sind, nach Farbe, Zeichnung, Gestalt und Lebensgewohnheit,
deren Leistung sein kritischer Blick mustert, indem er sie zugleich
mit Hilfe der Fahnenstange dirigirt. Ihre Flugfertigkeit nach den
Stichen festzustellen, die Ankunft des Taubenstößers, seine vergeblichen
Angriffe, das Zerstreuen und Wiederversammeln der Tauben, ihr
Hochsteigen, ihr Herablocken gewähren ein wechselndes, anreizendes
und unerschöpfliches Vergnügen. Und nun gar, wenn der eigne
Flug einen fremden faßt oder von diesem genommen wird, oder
der sichre gewandte Flug Theile des fremden abreißt — welche
Spannung, welcher Aerger, aber auch welche Freude! Und was
hat ein schulgerechter Flugtauben=Liebhaber nicht alles zu denken
und zu besorgen! Die Einrichtung der Nesterabschläge, der Futter=
bretter, Schaulöcher, das Einfangen, das Gewöhnen, das Auslassen,
die Zucht u. a. m. gewähren einen nie versiegenden Quell von
Unterhaltung.

Diese reichen Taubenflüge gehören jetzt zur Physiognomie
von Berlin, und man könnte meinen, das Taubenhalten in großem
Maßstabe sei ein selbstverständliches Anrecht der Weltstadt. Allein
es hat Zeiten gegeben, in denen das Auge vergeblich nach ihnen

ausschaute, Zeiten, in denen der Berliner, bei aller Frohnnatur, vom Ernste derselben zu Boden gedrückt war und weder Gedanken noch Tauben steigen ließ. Allerdings weiß Berlin schon seit über 150 Jahren, daß das Taubenjagen ein Vergnügen ist und unter des alten Fritz letzter friedvoller Regierung tummelten sich starke Flüge von Tümmlern vom Mühlberge bis zum Tempelhofer Felde, wie heute, aber die Zeiten des Französischen Einfalls machten sie verschwinden, und still und dumpf, wie in den Häusern war es droben in der Luft."

Interessant ist, was ein älterer Kenner der Flugtauben, der verdienstvolle Dr. Korth, über diese Liebhaberei im Jahrgang 1856 der „Taubenzeitung" berichtet: „Zu den Matadoren in der Flug=taubenzucht (1780—1800) gehörten, außer den damals vorhandenen fünf Taubenhändlern, mehrere Beamte, besonders bei der großen Oper und dem Nationaltheater angestellte Personen, reiche und bemittelte Bürger, besonders Bäcker, Schlächter, Brauer, Brenner und Destillateure, Maurer= und Zimmermeister, Drechsler, Schlosser, Friseure und Perrückenmacher, Schuhmacher, Fuhrherren und Pferde=verleiher, Gasthofsbesitzer, Tanzbodenhalter u. a. m.; zu diesen gesellten sich nun die übrigen Personen, besonders in dem Stande der niederen Gewerbe, auch Fabrik= und andere Arbeiter, und junge Leute, die noch keinen bestimmten Lebensberuf erwählt hatten oder sich selbstständig erhalten konnten, aber von ihren Eltern die Mittel zu diesem Vergnügen erhielten, weil man es am unschuldigsten hielt. Wer daher kein eignes Haus besaß, oder in seiner gemietheten Wohnung keine Flugtauben halten durfte, weil es der Wirth nicht zuließ, der miethete sich in der Nähe seiner Wohnung einen Boden, um Tauben darauf zu halten, und so wuchs und verminderte sich auch diese Liebhaberei, in letzter Hinsicht, wenn die Futterpreise, namentlich die Preise der Erbsen und Wicken, zu hoch stiegen um einen ansehnlichen Flug zu halten; denn der geringste Flug bestand doch immer aus 10—15 Par Tauben; 5—6 Par Tauben konnten nicht in Betracht kommen. Sie vermochten wohl für den, der sie besaß, ein Vergnügen zu gewähren, wenn er sie jagte, allein er konnte beim Fassen der Tauben mit großen Flügen keine Stiche nachbringen, und so kam es denn oft, daß mehrere von seinen Tauben in dem großen Fluge stecken blieben, mit auf die fremde Kippe fielen und gefangen wurden, wie dieses mehr denn zu oft geschehen ist. Das Brüten=lassen der Tauben und das Zuziehen von Jungen vermindert auch schon die Flugzahl, mithin zeigte es sich, daß wenige Tauben zum Fluge zu halten, nicht rathsam sei. Alle dergleichen Gegenstände wurden nun an der Börse (Taubenbörse hinter der damaligen Spittelkirche) verhandelt, denn das Ganze drehte sich nur um die

Tauben; fielen von Politik und anderen Handels=, Gewerbs= und
Stadtneuigkeiten nur flüchtig einige Worte, so unterbrachen die
hinzukommenden Taubenhalter und Liebhaber sofort das Gespräch
und fingen wieder von den Tauben an, und die, welche die Börse
oder den Taubenmarkt verließen, schlossen mit den Tauben. Jeder
hatte ja zu erzählen, was in der Zwischenzeit von einem Markt=
tage zum andern mit seinen Tauben vorgegangen, mit welchen
Flügen sie gefaßt, wie viele fremde Tauben sie beim Abreißen mit=
gebracht, welche beim Anfallen wieder abgeflogen und nach Hause
gegangen, wie viele Mühe es gemacht, ein Par von den sitzen=
gebliebenen Fremden auf die Kneifbretter zu locken, wie oft sie
abgeflogen und haben abgejagt werden müssen, um sie wieder zum
Anfallen zu bringen, wie spät und finster es schon geworden, bis
man sie durch die Hohlsteine gefaßt habe; wie der ‚Vogel‘ unter
den Flug gerathen und die Tauben zerstreut habe, ohne eine zu
erhaschen, wie groß der Verlust der Verflogenen gewesen und ob
Einer von den bei der Börse versammelten Taubenhaltern eine
davon gefangen oder zum Verkaufe angeboten; von wem man Eier
bekommen, die man den brütenden Tauben unterlegt, um eine
schöne Art zu erzielen, besonders altstämmige; von welchen eigenen
brütenden Tauben man selbst schöne reine Zeichnungen und Farben
erhalten habe, um sie, wo nicht als Modetauben aufzustellen, doch
als neue Farbenzeichnungen an Liebhaber höher zu verwerthen,
einen annehmlicheren Preis zu erhalten; von welchem Mehlhändler
man die besten Futtererbsen und zu einem civilen Preise gekauft;
welches Futter am vortheilhaftesten für die Gesundheit der Tauben
sei u. s. w.

Die Taubenhändler besuchten viermal in der Woche den
Markt mit ihren Tauben in großen, gegitterten Behältern, die auf
einer Schiebkarre standen, sodaß der größte und höchste der Behälter,
in welchen die Hoftauben gesperrt wurden, unten auf die Karre, und
der kleine, niedrigere, in dem die Flugtauben saßen, darüber gestellt
war, jedoch so, daß man die Hoftauben gut sehen und sie auch
bequem herausnehmen konnte, da der oberste Kasten etwas über die
Karre hinwegreichte. Dienstags und Freitags hielten sie auf dem
Neuen Markte, in der Bischofsstraße, feil und am Mittwoch und
Sonnabend auf dem Spittelmarkte, hinter der Spittelkirche, woselbst
die Börse bis 3 Uhr Nachmittags dauerte. Am Schlusse derselben
karrte jeder Taubenhändler, nachdem er noch vorher von seinen
eigenen gewöhnten Tauben, die er mit in den Kasten gesteckt hatte,
zum Vergnügen der Umstehenden aufsteigen lassen, um vielleicht
noch unterwegs fremde Tauben mit nach Hause zu nehmen, die
unverkauften Tauben nach seiner Wohnung.

Bei jener Taubenunterhaltung, die das ganze Jahr hindurch, besonders im Sommer, sehr lebhaft an der Börse geführt wurde, kamen die Hoftauben weniger in Betracht, obgleich auch ihr Markt hier war und manche ansehnlichen Käufe darin abgeschlossen wurden, weil sich Alles nur um die Flugtauben drehte, sodaß auch die Käufer der Hoftauben oft genug zum Zuhören gefesselt blieben. —

Dieses harmlose Leben wurde, wie bereits gesagt, durch das Hereinfluten der Franzosen gänzlich lahm gelegt. Die Mißernte i. J. 1804 mochte bereits den Anfang gemacht haben, und es ist bezeichnend genug, daß infolge des Aufhörens der Flugtauben= liebhaberei eine Zunahme des Besuchs der Kaffeehäuser eingetreten sein soll, erklärlicherweise freilich, da die politischen Interessen alles Andre vollständig verdrängten. Die Befreiungskriege waren nun ganz und gar nicht geeignet, den Sinn für harmlose Ver= gnügungen zu fördern, und so stiegen dann auch die ersten Flüge allmälig erst wieder nach dem Jahre 1815 über der Stadt empor, und bis 1818 mehrte sich die Zahl der Händler um drei, sodaß also acht vorhanden waren.*) Von 1818 ab nahm das Taubenhalten wieder stetig zu und über Berlin stiegen Jahr um Jahr wieder mehr und mehr Flüge hinauf.

Erst das Hungerjahr 1847 verringerte die Liebhaber wieder und von 1848 ab verschwanden auch die Tauben. Die Börse wurde verlegt auf den Dönhofsplatz, und nur wenige alte Getreue waren es, welche trotz der Ungunst der Zeiten dem alten Sport weiter oblagen. Bis zum Jahre 1870 dauerte der Druck, der die Gemüther stets nach unten und selten nach oben schauen ließ. — Da befreiten die Siegesnachrichten die gedrückten Seelen. Mit dem Jubel über die großen Errungenschaften stiegen auch wieder die Tauben und blinkten wie weiße Friedenswolken über der nunmehrigen Haupt= stadt des Deutschen Reichs." —

Sichtet man das außerordentlich reiche Material, wie es die Ausstellungen der letzten 15 Jahre uns vorgeführt haben, vom wissenschaftlichen Standpunkte, abstrahirt dabei von der Verschieden= artigkeit in Zeichnung und Färbung, so dürfte die Classification der Tümmler in folgende 6 Typen die richtigere sein.

1) Glattfüßige, flachstirnige Langschnäbel,
2) Rauhfüßige, flachstirnige Langschnäbel,
3) Glattfüßige, flachstirnige Mittelschnäbel,
4) Rauhfüßige, hochstirnige Mittelschnäbel,

---

*) Vergl. Bratring, Industrie=Adreßbuch der Königl. Preußischen Haupt= und Residenzstadt Berlin 1816.

5) Glatt= oder rauhfüßige, hochstirnige Kurz= und Dickschnäbel,

6) Glattfüßige, hochstirnige Kurz= und Dünnschnäbel.

Bei der so ausgedehnten Verbreitung, der Mannigfaltigkeit der Zeichnungen und Färbungen, bei den verschiedenen Ansprüchen des Flugs, ist es nicht zu verwundern, wenn sich eine große Zahl von Schlägen ausgebildet hat. Die Engländer jedoch unterscheiden nur lang= und kurzschnäbelige Tümmler.

Bevor wir nun zur Beschreibung der verschiedenen Varietäten der bekanntesten Originaltümmler übergehen, wollen wir der Farben und Zeichnungen der Einfarbigen, der Gefleckten oder Getigerten, der farbigen Weißschläge und der Weißflügeligen oder Elstertümmler, welche Farbenschläge in allen von uns aufgestellten Typen vorkommen, kurz erwähnen. Bei der ausführlichen Beschreibung der einzelnen Lokalschläge kommen wir dann insbesondre darauf zurück.

a) Einfarbige Tümmler.

1. Einfarbig schwarze Tümmler.

Die Gefiederfärbung muß, wenn sie echt und mustergültig sein soll, ein tiefes, glänzendes, keinen Schimmer einer andern Farbe einschließendes Schwarz sein, also das, was man gewöhnlich mit Pech= oder Kohlschwarz bezeichnet. Zu verwerfen ist jeder Schein ins Blaue, jede lichtere Schattirung eines Körpertheils gegenüber der eines andern. Der Schnabel ist hellfleischfarbig mit einem kleinen schwarzen Pünktchen an der Spitze, die Augenringe sind hellfleischfarbig; die Krallen meist hell.

2. Einfarbig blaue Tümmler.

Der Kopf mit einem Theile des Halses sind aschblaugrau gefärbt, mit einer Linie, vom Genick ausgehend nach dem obern Theile des Halses abschließend. Weiter nach unten, gegen die Brust, an dieser selbst, ist zwar dieselbe Farbe noch vorhanden, aber die Grannen der Federn sind wie mit einem metallischen Email überzogen, das hier grün oder purpur violet, je nach Brechung der Lichtstrahlen schillert. Unter der Brust und auf dem Rücken verschwindet dieser metallische Glanz rasch und geht in einen blaugrauen Ton, lichter als der Kopf, über; aber auch dieser Ton wird nach dem Ende des Rumpfs zu immer lichter, bis er sowol am Bürzel, als am Steiß fast mit Weiß und häufig wirklich mit Weiß abschließt. Der Schwanz selbst, sammt den Bürzel= und Keilfedern unter dem Schwanz, nehmen mit einer scharf abgegrenzten Linie eine dunklere Färbung wieder an, etwa von gleichem Ton wie die Farbe des Kopfs. Am Schwanzende selbst zieht sich ein schwarzes, etwa daumenbreites Band quer über sämmtliche Federn, so, daß hinter

3

diesem Bande die blaue Farbe etwa 1 cm breit nochmals zum Vor=
schein kommt. Die äußeren Fahnen der zwei äußersten Schwanzfedern
sind von der Wurzel bis kurz vor dem Bande häufig weiß. Die
Flügel und Schulterdeckfedern (Mantel) tragen allein den reinsten
blaugrauen Ton, den wir überhaupt an den Tauben finden. Bei
den Schwungfedern zweiter Ordnung beginnt dieser Ton wieder dunkler,
schwärzer zu werden, bis er endlich, wenigstens an den Spitzen der
Schwungfedern erster Ordnung, diese Farbe beinahe erreicht. In der
Regel laufen quer über die Flügel, kurz vor den Schwingen erster
Ordnung zwei dicht nebeneinander liegende, oben häufig zusammen=
hängende schwarze Striche, auch Binden oder Bänder genannt. Sie
sind gebildet von schwarzen, stumpfviereckigen Flecken, welche an den
längsten Flügeldeckfedern und den Schwungfedern zweiter Ordnung,
kurz vor deren Ende an der nach außen gerichteten Fahne sitzen. Der
Schnabel und die Augenringe sind, namentlich bei violettem Schimmer
des Gefieders hellfleischfarbig, die Krallen hell.

3. Einfarbig braune, rothe und gelbe Tümmler.

Diese drei Farbentöne darf man wol als zu einer Färbung
gehörige betrachten. Zwar besteht zwischen Braun und Roth einer=
seits und Gelb andrerseits eine ziemliche Lücke, es fehlt indessen nicht
an einzelnen Thieren, die diese Lücke überbrücken, wenn sie auch
seltener angetroffen werden. Schon der Umstand, daß man bei der
Parung die hellste und dunkelste Schattirung (Braun und Gelb) zu=
sammenstellen kann, ja zusammenstellen soll, ohne befürchten zu müssen,
daß etwas Fehlerhaftes daraus hervorginge, beweist die Zusammenge=
hörigkeit der Tauben beider Farben. Bei braunen und gelben Tümmlern
sollen alle Körpertheile, welche in einer dieser Farben erscheinen, gleich=
mäßig gezeichnet sein. Die Farbe soll an keinem Theile heller oder
dunkler, oder in eine andre Farbe spielend, als an dem andern, auftreten.
Wo dies der Fall ist, wird die Taube als fehlerhaft betrachtet, obgleich
diese Fehler sehr häufig vorkommen. Nur die allerhellste Schattirung
(isabell) macht hiervon eine Ausnahme. Als Eigenthümlichkeit der
gelben Farbe sei erwähnt, daß gelbe Tauben ohne Flaum, fast nackt
zur Welt kommen, schwächlicherer Konstitution und meist weiblichen
Geschlechts sind. Der Schnabel ist fleischfarbig, die Iris weißgelb,
perlfarbig, die Krallen sind hell. Ein dunkler Schnabel ist ein großer
Fehler. In Pommern findet man sie meist stark zitterhalsig und
glattfüßig. Die leder=, bronze= oder chokoladenfarbigen Tümmler,
die aus einer Parung von Schwarzen oder Gelben hervorgegangen,
sind weniger beliebt, doch liefern sie in der Zucht, namentlich bei der
Parung mit Gelb oder Schwarz gute Ergebnisse.

4. Einfarbig weiße Tümmler.

Die weiße Farbe muß rein und ohne jegliche Spur eines anderen Farbentones über den ganzen Körper verbreitet sein, wenn die Taube als einfarbig und fehlerfrei in Farbe gelten soll. Es kommt jedoch recht häufig vor, da weiße Tauben öfters von Schecken fallen, daß etwas Farbe, besonders röthliche, an einzelnen Federspitzchen des Kopfes oder Halses sitzen bleibt; worauf bei der Musterung genau zu achten ist.

Schnabel und Krallen sollen hell, das Auge perlfarbig sein. Tauben von solchen Eigenschaften nennt man an vielen Plätzen „weiße Reinaugen", obgleich darunter in den östlichen Provinzen eine ganz besondere kleine Altstamm=Taube verstanden wird, auf die wir später zu sprechen kommen.

b) Gefleckte oder getigerte Tümmler.

Tigertümmler kommen in allen Grundfarben, untermischt mit weißen Tigerflecken, vor. Die Schwingen und der Schwanz sind ein=farbig dunkel, auch Kopf und Hals sind so gefärbt, während auf dem Rücken und den Flügelschildern mehr oder weniger weiße Flecken die dunkle Grundfarbe unterbrechen. Je regelmäßiger vertheilt und gleich=mäßiger diese Tigerflecken sind, für desto schöner gelten die Thiere. Weiße Schwing= und Schwanzfedern sind fehlerhaft. Die Tiger sind jung meist einfarbig dunkel und bekommen die Flecken, die später an Zahl und Größe zuzunehmen pflegen, erst bei der ersten Mauser.

c) Farbige weißspießige (Weißspieß, Weißschlag) Tümmler.

Diese Zeichnung kommt in allen Grundfarben vor, und ist mit Ausnahme bei einer Varietät des Indianers nur den Tümm=lern eigenthümlich. Sie besteht in sieben bis neun weißen Schwung=federn auf jeder Seite, gedeckt mit den größeren Daumenfedern von der Farbe des Mantels; am After dürfen sich keine weißen Federn befinden.*) Die Taube muß hinten zu oder geschlossen sein. Eine Unter=Varietät des weißspießigen Tümmler hat unter dem Schnabel ein weißes erbsengroßes Kehlchen (Bart). Ueber diese Bartzeichnung gehen bezüglich Größe und Form, die Ansprüche der Liebhaber aus=einander. In Einem nur stimmen sie überein: die Zeichnung muß durchaus ebenmäßig sein. Eine zweite und dritte Unterspielrasse hat entweder noch den Schwanz (Weißschwanz) oder Kopf und Schwanz weiß (Weißkopf).

---

*) Dieser Fehler ist bei schwarzen Tauben aller Rassen, besonders aber bei Tümmlern so häufig, daß er bei Letzteren fast zur Regel geworden und von ein=zelnen Liebhabern bei gewissen Schlägen sogar verlangt wird. So von H. A. Richter in Hannover beim Hannoverschen Soloflieger.

d) Weißflügelige oder Elstertümmler.

Man findet die Zeichnung in allen bisher genannten Grund=
farben und in beinahe allen Unterabtheilungen mit ganz weißen
Flügeln, die von den farbigen Schulterfedern unbedeckt sind, so, daß
auf dem Rücken die Form eines Herzens entsteht. Die Umrisse müssen
scharf begrenzt sein; die Farbe darf in das Weiß nicht übergreifen,
noch umgekehrt. Ferner ist der Bauch gleichfalls weiß und muß
auch hier die Farbe, sowol von dem Schwanze, als von der Brust,
mit einer scharfen Linie an dem Weiß abschneiden. Kommt zu dieser
Zeichnung noch ein weißer Brustfleck (Herz) der meist nur unregelmäßig
ist, so wird die Taube an vielen Orten „Scheck“ genannt.

I. Gruppe.
Glattfüßige, flachstirnige Langschnäbel.

In diese Abtheilung gehören die Tauben mit ziemlich langem,
etwas konisch zulaufenden Schnabel, niedriger, glatter Stirn, welche
mit ersterem kaum einen Winkel bildet, schmalem Kopfe, schlankem
Körper, unbefiederten Füßen und meist glattem Kopfe (unbehaubt).
In der Färbung sind diese Tauben sehr intensiv, gleichviel ob ein=
farbig oder gezeichnet. Schwarz, roth und gelb kommen metallisch
glänzend vor. In Zeichnung treffen wir sie an mit weißen Schwingen,
mit und ohne diese mit weißem Schwanze, mit Bart= und Elster=
zeichnung und die verschiedensten Arten von Schecken. Die Tauben finden
sich hauptsächlich verbreitet in Dänemark, an der Weser und dem Nieder=
rhein; man könnte sie füglich Dänische oder Rheinische Tümmler
nennen. Die hervorragendsten Repräsentanten dieser Familie sind

1) der Hannoversche Tümmler,
2) der Braunschweigische Tümmler,
3) der Celler Weißschlag=Tümmler,
4) der Stralsunder Tümmler,
5) der Holländische Flügter,
6) der Danziger Hochflieger,
7) der Kasseler Tümmler,
8) der Bremer Tümmler,
9) der Kopenhagener Tümmler und die dazu ge=
hörigen Spielarten,
10) die Krakauer Elster.

1. Der Hannoversche Tümmler (Soloflieger).

Der Hannoversche Tümmler ist nach der Beschreibung des Herrn
G. Wollring=Hannover größer als eine starke Feldtaube*), von der

---

*) Dieser Behauptung können die Verfasser nicht zustimmen.

Schnabelspitze bis zum Schwanzende 30 cm lang, schlank und hoch=
beinig, und der flachstirnige, nach hinten abgerundete kleine, meist
unbehaubte Kopf bildet mit dem kräftigen, weißen, etwa 2½ cm langen
und spitzen Schnabel fast eine grade Linie. Einige Hannoversche Lieb=
haber, darunter Herr Richter=Hannover, verlangen bei den schwarzen
Weißschlägen einen schwarzen Fleck auf dem Oberschnabel, doch ist dies
so wenig unbedingt nothwendig, wie schön, denn er ist nur ein Ausfluß
der schwarzen Farbe des Gefieders. Warum aber ein vollständig heller
Schnabel bei dem schwarzen Hannoverschen Tümmler ein Fehler sein soll,
ist nicht recht einzusehen, da er bei andern Rassen doch sehr erwünscht ist.
In allen Fällen artet der schwarze Fleck leichter in zu viel Schwarz aus,
als ein ganz heller Schnabel. Die Augenringe haben eine blasse Iris, die
nicht fleischfarbig, sondern ein sogenanntes Fischauge sein muß. Sind die
nackten Libränder weiß oder ganz blaß gelblich, so werden die Thiere
Weißaugen=Tümmler genannt, wenn mattroth Blender, recht schön
feurigdunkelroth Rothaugen=Tümmler; letztere hält man jedoch
nicht für rasseächt. Die Annahme, daß die Rothaugen durch Kreuzung
mit Indianern (früher in Hamburg Mörrchen, in Berlin Möriken
genannt) entstanden sind, erscheint nicht zutreffend; eine solche Kreuzung
ist zwar nicht ausgeschlossen, doch hat sie in dem Falle, daß sie ange=
wendet wurde, nicht zu dem Rothaugen=Tümmler, sondern zu einem
Bastard geführt. Die rothen Augenringe beim Tümmler sind auf
dem Wege der natürlichen Ausartung entstanden, ebenso wie bei
manchen anderen Rassen. Es ist nicht zu verkennen, daß helle, blasse
Augenlider der Taube etwas Feines, Zartes verleihen, wogegen die
rothgefärbten Lider, deren Wirkung sich meist noch bis auf den hintern
Schnabeltheil erstreckt, der Taube ein ungemein frisches und gesundes
Aussehen geben. Gilt die rothe Färbung beim Hannoverschen Tümmler
für viele Züchter als fehlerhaft, so wird sie an anderen Orten mit
Vorliebe gezüchtet. Die Farbe der Augen ist bei den verschiedenen
Zeichnungen verschieden. So haben die blauen Weißschläge ein gelblich=
weißes Auge, ähnlich der Farbe einer reifenden Citrone, die weißen
Tümmler ein hellgelbes oder ein Stahlauge, die Gelbbänder dagegen
ein gelbliches. Die Brust ist breit und kräftig, die langen Schwingen
reichen beinahe bis zur Schwanzspitze, die Füße sind glatt, von
gewöhnlicher Länge und Stärke, bisweilen gehos't. Die charakteristische
Zeichnung der Hannoverschen Tümmler ist die Weißschlag=Zeichnung, in
den Grundfarben schwarz, braun, blau, fahl und weißgelblich mit
gelben Schnüren oder Binden. Die Binden der Fahlen oder Blauen
sollen schön dunkel markirt, die gelbgebänderten äußerst korrekt gezeichnet
sein; der Kopf des Täubers ist bei diesen gewöhnlich heller als der der
Taube. Die Weißen, welche wie die Gelbbänder häufig eine schöne
Muschelhaube haben, müssen tadellos in Farbe sein. Bei den Weiß=

schlägen sollen die 7—9 äußeren Schwungfedern auf jeder Seite
gleichmäßig weiß sein, denn nicht selten finden sich manche, bei
denen sämmtliche Schwungfedern und die Deckfedern an den Flügel=
gelenken (Aenkeln) weiß sind, so daß sie fast die Zeichnung der Elstern
haben. Sobald die weißen Schlagfedern von den Grundfarben=Flügel=
deckfedern (blau, schwarz) durchzogen oder durchwuchert sind, verliert
der Weißschlag=Tümmler für den Kenner den Werth, selbst wenn er
ein ausgezeichneter Flieger wäre. Häufig findet sich ein weißer un=
regelmäßiger Kranz um den After, mit welchem dann auch weiße Federn
an den Fersengelenken verbunden sind. Auch haben die schwarzen
Schwanzfedern öfter einen weißen Spiegel oder arten wol gar in
die weiße Farbe aus, sodaß Weißschlag=Weißschwänze entstehen. Eine
neue Spielart, bei welcher die Schwanzfedern und Schwingen zweiter
Ordnung weiß durchschossen sind, ist unter dem Namen „Schimmel"
gegenwärtig sehr beliebt. Außer schwarzen Weißschlägen findet man
solche in den bereits oben erwähnten Farben, die reine rothe und
gelbe Farbe kommt nicht vor.

Eine in einer Beziehung veredelnde Kreuzung erfuhr der
Hannoversche Tümmler in den 40er Jahren durch Einführung der Celler
Hochflieger, welche sich nicht allein durch eine feine Bildung des Kopfs,
des Schnabels und der Augen — letztere waren blut=, bzl. fleischroth
sondern auch durch eine sehr schöne Zeichnung auszeichneten und, was
mit die Hauptsache war, im Dauerfliegen unerreichbar blieben; ja es gab
— wie unglaublich es auch klingen mag — deren viele, welche bei
mondhellen Nächten bis tief in die Nacht hinein flogen, bei welcher
Gelegenheit es dann nicht selten vorkam, daß die Thiere verschlagen
wurden und den Katzen, Mardern oder Iltissen zur Beute fielen.
Die Kreuzung des Hannoverschen Tümmlers mit dem Celler Hoch=
flieger fand alsbald noch eine allgemeinere Verbreitung. Jeder haschte
wenigstens nach dem Besitz der Rothaugen. Um sie annähernd gut
zu bekommen, begnügten sich die Einen mit der Kreuzung von schwarzen
Weißschlag mit schwarzen Weißschlag=Rothaugen, also sogenannten
Blendern, und wieder Andere waren, um nicht ganz zurückzustehen,
schon mit Kreuzungen von Blendern und Weißaugen, vorläufig
wenigstens, zufrieden gestellt, während die wirklichen Taubenzüchter
bezügl. Kenner — und deren gab es sehr wenige — für Kreuzungen
unempfänglich blieben, allmälig aber, durch Umstände veranlaßt, ihre
Thiere abschafften und dem Strome der Kreuzung überlassen mußten.
Auf diese Weise (aus Mangel an Fürsorge und durch die bedauerliche
Aufkauferei) hat es geschehen können, daß der wirkliche Hannoversche
Weißaugen=Tümmler immer seltner wird und der schwarze Rothaugen=
Tümmler in seinem Urzustande fast garnicht mehr vorkommt. —

Ganz verschieden von dem Urstamm des Hannoverschen Tümmlers

ift der Weißschlag=, Weißschwanz=Hochflieger, welcher vor etwa 25 Jahren
aus Bremen in Hannover eingeführt sein soll und mit großem Erfolge
gezüchtet wurde. Nach einer andern Annahme der Hannoverschen
Züchter sollen die Weißschlag=Weißschwänze aus, den Bunt= oder
Schimmelschwänzen hervorgegangen und später beständig weiter gezüchtet
sein. Dieser Weißschwanz ift der Liebling der Hannoverschen Züchter
geworden, weil er nicht allein ein ausgezeichneter Flieger ift, sondern
den Hannoverschen Tümmler auch in Reinheit des Schnabels und
Feinheit des Kopfs übertrifft. Der wirkliche Hannoversche Soloflieger
hebt sich, bei richtiger Behandlung, in großen Kreisen langsam in
die Höhe, und ift der Flug am zutreffendften mit dem der Lerche zu
vergleichen. In dieser Weise schweben die Soloflieger dahin, stehen oft
in unendlicher Höhe in der Luft und fliegen so halbe Tage lang und
darüber, wenn sie nicht durch unvorhergesehene Fälle, wie Gewitter mit
Sturm oder vom Habicht daran gehindert werden. Aeußere Umstände
wirken ganz bedeutend auf den Flug ein. Wer dieses Einzeln= (Solo=)
Fliegen der Hannoverschen Tümmler liebt, der muß die Thiere jung
daran gewöhnen; alten Tauben, die scharf Trupp geflogen, ift es
nicht mehr zu lehren. Die Thiere sollen ordnungsmäßig einzeln
herausgelassen werden und gehen, ohne daß sie gequält werden, sofort
von selbst ans Fliegen. Da nun dasselbe immer genau wieder
beim Auslassen beobachtet werden muß, so lernen die Tauben das
Einzelfliegen und kommen auch, je nachdem es ihnen gefällt, einzeln
wieder herunter. Bei den Tümmlern in anderen Städten ift es
grade das Gegentheil, sie werden zusammen aus dem Schlage getrieben,
werden zusammen abgejagt und kommen auch zusammen wieder herab.

2. Der Braunschweiger Tümmler, Barttümmler.

Dieser Tümmlerschlag findet sich hauptsächlich in Braunschweig,
Wolfenbüttel, Halberstadt und Magdeburg, in welchen Städten er von
altersher gezüchtet wird. Es sind Weißschlagtümmler mit weißem
Kehlfleck, in Magdeburg Gespitzte, in Braunschweig Weißschläge
genannt. In Schwarz, Blau, Roth und Gelb heißen sie Schwarz=
gespitzte, Blaugespitzte ꝛc. oder schwarze, blaue, rothe, gelbe Weiß=
schläge, in den Zwischenfarben von fahlroth, fahlgelb, silberfahl ꝛc. mit
dunkleren Binden Rothfahle oder Rothstreifer, Gelbfahle oder
Gelbstreifer ꝛc. Von seinem Vorgänger, dem Hannoverschen Solo=
flieger, unterscheidet sich dieser Tümmler hauptsächlich durch Färbung,
Zeichnung und durch die Art des Flugs. Auch von ihm behaupten
die jetzigen Züchter, er sei vielfach gekreuzt, und ihre Ansichten über
den eigentlichen, vermeintlichen Urtypus weichen wesentlich von ein=
ander ab. Thatsache ift, daß es gegenwärtig auch mit Ausnahme der
Englischen, mehrere Typen mit Bartzeichnung gibt. Es finden sich

solche, die in Figur dem Hannoverschen Tümmler vollständig gleichen,
andere mit breiten Hauben und wieder andere mit rothen Augen, ferner
aber auch solche, die in Figur kürzer, gedrungener, kurzschnäbeliger als
der Hannoversche Tümmler sind. Letzterer Schlag zeichnet sich haupt=
sächlich durch brillante Farben aus, man findet bei ihm das intensivste
Roth, Gelb und Schwarz, das klarste Blau und alle Nebenfarben.
Hierin liegt ein wesentlicher Unterschied gegen die Hannoversche Rasse,
die selten anders als schwarz, chokoladenfarben. und weiß erscheint.
Der Braunschweiger Tümmler ist im allgemeinen von schlanker Figur,
breiter Brust, kräftigen unbefiederten Füßen; er hat einen schlanken
Hals und flachen Kopf mit länglichem, weißen Schnabel. Bei allen
Farben sollen die Augen stets eine weiße Iris haben, obwol sich unter
den gelben und rothen Weißschlägen oft solche mit dunkler Iris finden;
die Augenränder müssen roth sein, jedoch machen auch hier die rothen
und gelben Weißschläge eine Ausnahme; erst in jüngster Zeit hat
man es dahin gebracht, hin und wieder solche mit rothen Augen
zu züchten. Einen hauptsächlichen Punkt bildet die Zeichnung. Der
sog. Bart, eigentlich die weiße Kehle, muß regelmäßig, auf beiden
Seiten des Unterschnabels gleich weit nach hinten gehen, weder zu
groß, noch zu klein und scharf begrenzt sein. Nach oben muß sie
mit der verlängerten Linie der Schnabelspalte abschließen, nach unten
eine kleine Bogenlinie bilden, nur darf sie das Auge nicht ganz erreichen.
Weiter kommen die Schläge (Schwingen) inbetracht. Sie sind gleich=
falls weiß und müssen den allgemeinen Regeln der Weißschwingen=
zeichnung entsprechen. Dies ist auch bei dem Barttümmler viel
häufiger der Fall, als beim Hannoverschen, der meist zu wenig weiße
Federn in den Schwingen zählt. Es sollen ihrer mindestens sieben
sein, damit das Weiß, wenn die Taube die Flügel am Leibe hält, in
einer graden Linie in der Höhe der Schwanzwurzel von dem Schwarz
der Flügeldecken abschneidet. Am meisten beliebt sind acht zu acht weiße
Schwungfedern, neun sind nicht grade ein Fehler, mehr hat selten ein
Weißschlag, aber häufig weniger als sieben. Leider entspricht die Nach=
zucht nicht immer der Schönheit der Eltern, denn während letztere die=
selbe häufig in hohem Grade besitzen, fehlt sie den Jungen vollständig.
Während die Eltern z. B. einen wie unterm Zirkelschlag von einem zum
andern Schnabelwinkel abgegrenzten schönen Bart haben, wird er bei
den Jungen mangelhaft und tritt ins Auge Die Schwung= oder
Schlagfedern der Alten sind gleichmäßig, während sie bei den Jungen
ungleichmäßig ausfallen; jene haben einen reinen weißen Schnabel;
diese hinwiederum zum Schrecken der Züchter eine leichte grauliche
Färbung, welche vorzugsweise bei schwarzen und blauen Weißschlägen
mit zunehmendem Alter immer schwärzer wird, bis der sogenannte
Pechschnabel sich vollkommen ausgebildet hat. Die Eltern haben an

der untern Partie des Leibes bis über den After hinaus eine reine gleichmäßige Farbe, und die Jungen bilden das strikte Gegentheil von dem eben Gesagten, indem die genannte Partie über und über mit weißen Federn bedeckt ist 2c. Es soll allerdings hiermit nicht gesagt sein, daß dies immer der Fall ist, und wir führen dies nur als Beispiel an, doch kann man mit Recht behaupten und zu der Schlußfolgerung berechtigt sein, daß man von schönen, tadellosen Tauben weniger schöne Junge, und umgekehrt von unschönen Tauben tadellose Exemplare züchten kann, vorausgesetzt, daß sich in Figur, Kopf= und Schnabelbildung die Echtheit der Rasse erkennen läßt. Wir haben es hier mit einen Naturgesetz, dem Atavismus, zu thun, und mit demselben läßt sich nicht rechten; ein Uebelstand, dem leider nicht abzuhelfen ist, und jeder Züchter kann noch froh sein, wenn er im Jahre nur einige tadellose Exemplare großzieht. Der Braunschweiger Tümmler hat also dieselben Fehler wie der Hannoversche. Ein großer Unterschied liegt jedoch in der Art und Dressur des Flugs, denn während der Hanoversche Tümmler zum Einzelfluge abgerichtet ist, wird der Braunschweiger zum Truppfliegen eingeübt. Der Ver= mehrung dieses Tümmlerschlages stand von jeher die in den oben genannten Städten herrschende Sitte des Kapaunens der dressirten Thiere entgegen. Vor 15 bis 20 Jahren konnte man einen jungen Täuber für 75 Pfg. kaufen, die Liebhaber von Jagetauben hielten sich daher gar nicht damit auf, selbst Junge zu züchten, die sie billiger kaufen konnten. Heute kostet ein gut eingejagter Kapaun 3 Mk. und mehr, und da verlohnt es sich schon wieder der Mühe, Junge zu züchten.

3. Der Celler Weißschlagtümmler.

Der Celler Weißschlagtümmler kommt in den Städten Hildesheim, Lüneburg, Göttingen und Celle vor, früher vielfach in Magdeburg, Braunschweig u. a. Er hat die Größe einer Feldtaube, breite, kräftige Brust, flachen glatten Kopf, langen, kräftigen, schwarzen Schnabel, blut= bzl. fleischrothe Augen, deren fleischiger Rand häufig von ziemlicher Ausdehnung ist, und auch zuweilen gelbe Iris. Die Schwingen sind lang und reichen fast bis zur Schwanzspitze. Die Zeichnung ist sehr genau. Die acht äußeren Schwungfedern sind weiß, die Grundfarbe ist schwarz, mitunter blau oder lehmgelb; die Füße sind glatt. Gleich den Rothaugen, welche eine gewisse Berühmtheit erlangt, ergeht es auch den wegen besonders schöner Farbenzeichnung sehr beliebt gewordenen blauen Celler Hochfliegern. Sie werden nirgends in so schöner Farbe angetroffen als in Celle, und es ist deshalb nicht zu verwundern, wenn ihnen von den verschiedensten Seiten nachgestellt wird, ohne sie jedoch zu erlangen.

Der Celler Tümmler ist ein wirklicher Hochflieger und bis heute noch von keiner Tümmlerrasse im Dauerfliegen übertroffen. Alle Tümmler haben zwar die Fähigkeit, sich zu beträchtlicher Höhe und bis in die Wolken emporzuschwingen, was man namentlich im Frühjahr und an schönen Herbsttagen an solchen beobachten kann, welchen vollkommene Freiheit gelassen wird, sodaß sie ganz nach Belieben ausfliegen können; die meisten Tümmler halten sich aber in den oberen Luftschichten nicht lange auf, sondern senken sich bald wieder und fallen auf dem Schlage an. Deshalb aber, weil ein Tümmler zu Zeiten hoch hinauf steigt, ist er noch lange kein Hochflieger; ein solcher hat vielmehr die Neigung, stundenlang, ja halbe Tage hindurch in solcher Höhe (häufig über den untersten Wolkenschichten) umher zu schweben, daß er mit unbewaffnetem Auge schwer oder garnicht zu sehen ist. Mit der Eigenschaft des Hochfliegens muß daher auch eine große Ausdauer im schwebenden Fluge verbunden sein, wenn ein Tümmler Hochflieger genannt werden soll. Kurze Schwenkungen im Trupp, d. h. in größerer, dicht gedrängter Flugt auszuführen, ist der echte Celler Hochflieger nicht im Stande. Wenn er dazu dressirt ist, so hat er die Fähigkeit verloren, einzeln in die Höhe zu steigen und damit seine Eigenschaft als Hochflieger eingebüßt. Es ist weder möglich noch nöthig, junge Celler Weißschläge besonders abzurichten; die jungen Thiere fliegen, sobald sie sich kräftig genug fühlen, von selbst auf und thun es nach wenigen Tagen den alten gleich, ja übertreffen sie sogar an Ausdauer, da sie nicht durch den Parungstrieb nach dem Schlage zurückgezogen werden. Der alte Celler Weißschlagtümmler ist jetzt sehr selten geworden und nach und nach durch den Hanoverschen Weißschlagtümmler verdrängt. Durch die Einführung anderer Taubenrassen ist die Gefahr vergrößert, daß der Celler Hochflieger auch in seiner Heimat mit der Zeit vernachlässigt wird, ausartet oder eingeht.

4. Der Stralsunder Tümmler.

Der ächte Flieger Stralsunds ist schneeweiß, oft mit einigen bräunlichen, selten auch wol schwärzlichen Sprenkeln im Nacken, oder vereinzelten farbigen Federn an anderen Stellen des Körpers, zuweilen mit einem braunen Bärtchen. Die Jungen haben sehr selten ein rein weißes Gefieder, sind oft braun gefleckt, besonders im Nacken ganz braun, und werden erst nach der ersten oder zweiten Mauser weiß. Vergleicht man die Gestalt dieser Tümmler mit der anderer, so fällt der Vergleich in ähnlicher Weise aus, wie der zwischen einem edlen Renn- und einem Arbeitspferde, oder dem zwischen einem Windhunde und einem Neufoundländer. Die Gestalt der Taube ist schlank und gestreckt, die Brust breit; die Füße sind glatt und so lang, wie die der Gemeinen Taube, und die Flügel reichen fast bis zur Schwanzspitze. Der

Hals ist lang und schlank, und während alle Federn anschließen, liegen die Flügel lose am Leibe, in ähnlicher Weise, wie bei einem Edelfalken, welcher sich in die Lüfte schwingen will. Die ganze Form und Haltung hat in der That eine entfernte Aehnlichkeit mit der des Wanderfalken, wenn man von dem längern Schweif, den Schwingen und der senkrechten Stellung des letztern Abstand nimmt. Der Schnabel des Stralsunder Tümmlers ist inbetreff der Größe ganz das Gegentheil von dem, was man an einem Tümmlerschnabel lobt, er hat vollständig die Länge des Schnabels der Feldtaube von ⅞ Zoll, ist aber dicker wie dieser, steigt von der Spitze ziemlich gleichmäßig schräg auf bis zur Stirn und bildet daher mit dem Scheitel des Kopfes eine mehr grade Linie, ähnlich wie die Nase bei dem Englischen Windhunde. Die Nasenhaut ist, namentlich in jüngeren Jahren, hellroth gefärbt, ebenso die Mundwinkel, oft hat die erstre einen schmutzig-bräunlichen Anflug. Je röther die Nasenhaut, umso beliebter ist die Taube, und als ein ferneres Zeichen der Schönheit und Güte gilt es, wenn die Augenlider mit einem nackten, rothen Ringe umgeben sind, obwol auch viele Tauben ohne die besondre Schönheit des Schnabels und der Augen vorzügliche Flieger sind. Die Augen selbst haben die gewöhnliche Tümmlerfarbe, ragen aus ihren Höhlen etwas hervor und zeigen einen feurigen Blick. Die ganze Haltung der Taube zeigt nicht nur einen sehr edlen Anstand, sondern verräth auch die größte Gewandheit und Schnelle. Letztre entwickeln dann diese Tauben auch oft in der glänzendsten Weise und der Habicht gibt, wenn er erst mehrere Male mit ihnen Bekanntschaft gemacht hat, die Jagd auf sie bald auf, oder stellt sie gar nicht mehr an, falls er irgend anderweitige Aussicht auf Beute hat. Gelingt es ihm auch nur selten, eine zu fangen, so führt er doch manchen Verlust dadurch herbei, daß die Tauben sich in so unendliche Höhe versteigen, daß ihnen ihr Wohnort aus dem Gesichte kommt oder bei einem mit nur leichtem Wolkenflore bezognen Horizonte die Richtung verloren geht.

Da die außerordentliche Schnelligkeit dieser Tauben nicht allen in gleich hohem Grade eigenthümlich ist, so darf man es durchaus nicht anrathen, mehr wie fünf bis sechs derselben zu gleicher Zeit zur Flugt abzulassen; erst dann, wenn diese eine gewisse Höhe erreicht haben, ist es angemessen, eine gleiche Zahl nachzuschicken. Läßt man 12 bis 20 Stück zugleich aus dem Schlage, so muß es ganz stille Luft sein; ist es windig, so machen sie so außerordentlich rasche Schwenkungen, daß die schwächeren Thiere oft wie niedergeschmettert auf und zwischen die Häuser fallen und die Höhe nicht erreichen. Die Schwenkungen der Berliner Tümmler, welche diese in Flugten von 100 Stück und darüber zwischen und dicht über den Dächern machen, sind sie außer

Stande zu vollführen; sie würden sich bei ihrer Schnelligkeit die Flügel zerbrechen und zerschlagen. Gewöhnlich tritt der Fall ein, daß die Flugt, wenn sie in den höchsten Lüften schwebt und die Tauben von der Größe eines Maikäfers erscheinen, nach längerm Zusammenhalten zersprengt und die Thiere nun entweder vereinzelt fliegen, oder in kleineren Partien zusammenhalten; man ist dann zweifelhaft, ob die eng angeschloßne Flugt oder das vereinzelte Schwärmen dieser gleich Schneeflocken umherziehenden Vögel schöner anzuschauen ist, und der Anblick ist namentlich bei recht blauem, klarem Winterhimmel ein wahrhaft prächtiger, während im Sommer die Strahlen der Sonne zu sehr blenden. Es kommt natürlich auch bei diesen Tauben vor, daß sie bisweilen die Flugt versagen, sind sie aber einmal bis zu einer gewissen Höhe emporgestiegen, dann ist es vergebliches Bemühen, sie wieder herunter locken zu wollen; bei aufsteigendem Unwetter sieht man sein Unglück vor Augen, die Tauben versteigen sich in die Wolken und kehren zum Theil nicht wieder, alle Kropftauben oder sonstige über den Dächern umherschwärmende Tauben vermögen die Flugt nicht zum Herabkommen zu bewegen. Sehr gefährlich ist es diese Tauben kurz vor Abend steigen zu lassen; sie fliegen bis in die Nacht hinein, versteigen sich in unermeßliche Höhe, und kehren niemals wieder. Gut gehaltene Tauben fliegen gewöhnlich 2 bis 4 Stunden, aber auch viel länger, und man hat es erlebt, daß junge Tauben an einem Sommer= tage von 9 Uhr Morgens bis 5½ Uhr Abends flogen. Die gewöhn= lichen Regeln gelten auch bei der Behandlung dieser Tauben, die bei gutem, nahrhaftem Futter bei günstigem Wetter blos einmal des Tages zur Flugt abgelassen werden und nach derselben auf dem Schlage verbleiben müssen. Nur wenn längere Zeit ungünstige Witterung war, läßt man sie, ehe man sie wieder zur Flugt anhält, mehrere Tage auf dem Dache längere Zeit verweilen, damit sie durch bequemes Hin= und Herfliegen auf demselben die etwa steif gewordenen Flügel wieder ein wenig geschmeidig machen. Die Jungen dressirt man, nachdem sie ihr Wohnhaus kennen gelernt, erst mit Kropftauben oder anderen zur kürzern Flugt; gleich mit den Alten in die Lüfte geschickt, würden sie sich zu leicht verfliegen. Erst dann, wenn sie sich gehörig zur Flugt halten, werden sie mit den Alten vereint oder es wird auch wol eine eigne Flugt der jungen Thiere gebildet. Zeigen die Jungen irgendwie Trägheit, so läßt man sie einige Zeit nicht hinaus; ent= wickeln sie auch dann noch keinen größern Trieb zum Fliegen, dann kassirt man sie, wenn sie nicht, als Kinder besonders berühmter Eltern, lediglich zum Züchten benutzt werden sollen. Im allgemeinen muß man bestrebt sein, immer nur die Jungen der vorzüglichsten Flieger aufzuziehen, denn Ausdauer und Schnelligkeit vererben sich auch bei diesen Tauben. Purzler findet man niemals unter ihnen, wol aber mitunter Schwanzreiter, welche zwar fehlerhaft sind, doch bisweilen vorzüglich fliegen.

Trotz der Verluste, die der Liebhaber durch Versteigen seiner Tauben in die Wolken erleidet, kann er es doch nicht immer unter= lassen, dem Vergnügen, seine Tauben fliegen zu sehen, zu entsagen. Da man nun bei der hellgrauen Färbung der einzelnen Wolken (bei dicht bezogenem Himmel muß aber das Fliegen unterbleiben) die unter denselben schwebenden weißen Tümmler nicht sehen kann, so hat man danach gestrebt, dunkle Tauben dieser Raffe zu erhalten, die als dunkle, schwarze Punkte stets erkennbar den Verbleib der Flugt bezeichnen; durch Verparen der möglichst gefleckten Tauben ist es denn seiner Zeit auch gelungen, schwarze Flieger von vorzüglicher Güte zu erzielen, die es aber heute nicht mehr gibt.

Während man gewöhnliche Stralsunder weiße Tauben für 1 M. das Stück kaufen kann, sind Tauben vorzüglicher Raffe aus berühmten Flugten schon mit 15 bis 18 Mark bezahlt worden. Findet man auch hin und wieder einzelne gute Tauben, so sind doch leider die alten be= rühmten Flugten großen Theils ausgestorben.

5. Der Holländische Flügter.

Der Holländische, auch Eschweiler Flügter genannt, gehört zu den besten, ältesten und ungekünstelten Tümmlerraffen. Aus ihm ist durch passende Zuchtwahl der „Weiße Stralsunder" hervorgegangen. Er wurde in mehreren Orten Norddeutschlands von einzelnen Lieb= habern vor Jahren aus Rotterdam eingeführt, hat jedoch darum keinen besondern Anklang gefunden, weil er, zu nachlässig gezüchtet, in Farbe und namentlich in der Gestalt viel zu wünschen übrig läßt. Er gleicht an Größe dem Hannoverschen Tümmler, ist aber nicht wie dieser regelmäßig gezeichnet, sondern variirt hinsichtlich der Farbe in den verschiedensten Schattirungen. Es gibt zwei= und dreifarbige Flügter, ähnlich den Almonds; weiße mit schwarzen und braunen Flecken, weiße mit rothen Schuppen an Hals und Brust, oder schwarze mit rostbraunen Schuppen (die sogenannten Schornsteinfeger); endlich fast einfarbig weiße. Dabei ist es eigenthümlich, daß diese Tümmler= raffe nach jeder Mauser eine andre Farbenmischung des Gefieders zeigt; so wird z. B. der junge, einfarbig rothe Flügter nach der ersten Mauser weiß und braun gescheckt, und mit jeder neuen Mauser tritt die weiße Farbe mehr als Grundfarbe auf, sodaß die Taube nach einigen Jahren fast völlig weiß befiedert erscheint. Beim Schorn= steinfeger ist der Farbenwechsel umgekehrt, hier herrscht die schwarze Farbe vor und verdrängt die rostbraune schließlich vollständig. Alle so unregelmäßig gezeichneten schlechten Tigernüancen und unschönen Farbenmischungen sind nur eine Folge derjenigen Liebhaberei, welche

allein Werth auf Leistungsfähigkeit legt, dagegen Farbe und
Gestalt gar nicht berücksichtigt; daher schreibt sich auch die Farben=
veränderung nach jeder Mauser, welche bei jeder Taubenrasse statt=
findet, sobald sie nicht in bestimmte Zeichnungen gezüchtet, sondern
durch Parung von weiß und farbig zu Tigerzeichnungen gebracht ist.
Der Kopf ist flach und glatt, der Schnabel länglich und spitz, fast
2,5 cm, und sowol weiß als schwarz. Ein bestimmtes Kennzeichen der
Echtheit ist das Auge; es muß wasserhell, der Augenstern sehr klein
und dunkelbraun, und der Augenring hellgrau oder gelb sein. Die
Füße sind glatt, das ganze Aeußere etwas gedrungner als beim
Stralsunder.

Was nun die Eigenschaften und Flugleistungen dieser, dem
Liebhaber von farbigen Tümmlern vielleicht unscheinbar erscheinenden
Taube betrifft, so zeichnet sie sich sowol durch Ortssinn als durch
Orientirungsgabe aus. Junge Tauben, die auch nur einmal im
Trupp geflogen haben, verfliegen sich höchst selten und finden, selbst
wenn sie durch Ungunst des Wetters oder vom Habicht verscheucht,
von ihrem Schlage abgekommen sind, dennoch ihre Behausung wieder.
Im Hochfliegen, sowol im Trupp, wie einzeln, nimmt der Holländische
Flügter es mit dem Hannoverschen, Stralsunder und Danziger Hoch=
fliegern auf, er sucht wie diese die Wolkenregion auf und kreist dort
mehrere Stunden in Gemeinschaft seiner Schlaggenossen. Die Haupt=
bewegung der Mehrzahl der Holländischen Tümmler besteht mehr im
Steigen als im Schwenken oder schnellen Fliegen. Eine solche Flug=
bewegung von 4 bis 6 Stunden täglich scheint den Tauben Bedürfniß
zu sein, weshalb es rathsam ist, sie nicht am Nachmittag zu jagen,
da sie dann oft vor Abend nicht wieder zum Schlage zurückkommen
und sich in der Dunkelheit leicht verirren können. Es ist wiederholt
beobachtet worden, daß Flügter, welche im Hochsommer Nachmittags
6 Uhr abflogen, erst am andern Morgen wieder zum Schlage zurück=
kamen. Ein Gleiches geschieht bei den Stralsunder und Danziger
Tümmlern ebenfalls. Tagtäglich fliegen sie indeß nicht solange, da
große Dichtigkeit der Luft ein Haupterforderniß dazu ist, weshalb es
auch nicht vorkommt, daß Tauben bei niedrigem Barometerstande
anhaltend hochfliegen.

6. Der Danziger Hochflieger.

Ueber den Ursprung dieses Tümmlers besteht keine Gewißheit.
Er ist in Danzig seit undenklichen Zeiten vertreten und soll nach der
fachmännischen Erklärung eines erfahrnen Danziger Züchters vor
30 bis 40 Jahren vielfach nach den Hafenstädten der Nordseeküste gebracht
worden sein; die Thiere sind dort aber entweder völlig ausgestorben
oder durch Kreuzungen verändert worden, da man sie daselbst jetzt

nirgends mehr antrifft. Jedenfalls gehören sie zu derselben Hochflieger=
rasse, die jetzt noch in Celle, Hannover und Holland beliebt ist und
sich von den übrigen Tümmlern durch die Eigenart ihres Flugs
unterscheidet. Der Danziger Hochflieger ist ein Tümmlerschlag, der
schwerlich eine größere Verbreitung finden wird, wenigstens sind alle
bekannt gewordenen bisherigen Versuche, sie anderswo als Fliegetaube
einzubürgern, gescheitert. Dabei ist dieselbe Ursache maßgebend, wie bei
den Hannoverschen Hochfliegern. Beide Taubenarten zeichnen sich nicht
durch besonderen Reichthum in Färbung und Zeichnung des Gefieders
aus, sie sind daher für Liebhaber von Farbentauben nicht geeignet.
Ebenso schreckt ihre Eigenschaft des Hoch= und des langen Fliegens mehr
ab, sie zu züchten, als daß es sie dazu empfehlen möchte. Versuche,
die in dieser Hinsicht schon vor Jahren in Stettin, Magdeburg und
Königsberg i. Pr. gemacht sind, sprechen für diese Behauptung.
Die Tauben haben die Neigung, alsbald nach dem Auffliegen in
Schraubenwindungen empor zu steigen und zwar in solche Höhen, daß
man sie mit unbewaffnetem Auge nicht beobachten kann. Oben in
den Wolken zerstreuen sie sich häufig und halten nicht zusammen, sie
kommen dann erst nach vielen Stunden und oft einzeln herab, sind
nun gewöhnlich matt und deshalb da nicht zu brauchen, wo andere
Tümmler in Flugten gejagt werden, weil sie durch diese verwirrt und
versprengt werden. Hält man sie aber gemeinschaftlich mit anderen
Tümmlerschlägen, z. B. Berliner, Braunschweiger, Prager und sonstigen
Tümmlern, die gewöhnt sind, im Kreise zu fliegen, so fallen sie leicht
aus der Flugt, weil sie die kurzen Schwenkungen des Trupps nicht
mitmachen können. Man muß jedoch auch dieser Art nach allen Rich=
tungen hin volle Gerechtigkeit widerfahren lassen. Je länger die Taube
in der Luft, wenn auch nur in kleinen Trupps von fünf bis sechs Stück,
aushält, je größer der Stolz des Züchters; eine bis zwei Stunden
Flugt gilt in Danzig als Fehler, fünf bis sechs, ja (wie schon vor=
gekommen) bis neun Stunden Ausdauer ist keine Uebertreibung. Die
Beobachtung dieses Erfolges ist sehr einfach und leicht ausführbar, da
jede Flugt ihren Rayon hält und aus diesem in ihren Schlag zurück=
kehrt. Ein guter Danziger Hochflieger zeichnet sich durch ganz
besondre Klugheit — oder wohl richtiger gesagt: durch ein sehr eigen=
sinniges Bestreben, in seinen Schlag zurückzukehren, aus, sodaß es
schwer fällt, denselben in einen fremden Schlag hineinzulocken. Junge
Thiere treiben sich, namentlich nach der ersten Flugt, oft 3 bis 5 Tage
lang umher und kehren dann erst in ihre Heimat zurück; sie suchen
also so lange, bis sie ihren Schlag wiederfinden.

Daß sich dieser Tümmlerschlag in verschiedene, äußerlich
herauszufindende Stämme theilt, ist erwiesene Thatsache. Je nach
den Stämmen schwankt auch die Größe und Länge der Thiere. Es

gibt kleine, kurze, jedoch nicht unter das Maß des Deutschen Möv=
chens heruntergehende Figuren und dann auch wieder Exemplare,
welche die Größe und Länge der Perrückentaube und darüber hinaus
erreichen. Gemeinschaftlich bleibt aber allen der ziemlich lange Schnabel,
der flache, stets breitgehaubte Kopf (Glattköpfe hat man noch niemals
beobachtet), eine schlanke, schön zu nennende Figur und glatte, ziemlich
hohe Beine. Der schmale, oft auch starke, seitlich eingedrückte,
spitze Schnabel hat eine Länge, von der Spitze bis in den Mund=
winkel gemessen, von 16 bis 24 mm. Der Kopf mit flacher, selten
hervorragender, an der Schnabelwurzel sich schmal anschließender Stirn,
läßt von oben gesehen, die Form einer spitzen Birne erkennen; er ist
lang, schmal und jemehr dies hervortritt, desto besser. Von der
Schnabelspitze bis zum Abschluß des Hinterkopfs erreicht er öfter die
Länge von 55 mm. Das Auge umfaßt in der Färbung seiner Iris
alle Farbentöne, die es überhaupt gibt. Färbungen wie: hühnergelb,
braun, roth, orangeroth, orangegelb, orangegelb mit feinem hellsilber=
farbigen Rande um die Pupille, blaßgelb, silbergrau, marmorgrau, asch=
grau, blaugrau, kreideweiß, milchweiß und Mischfärbungen, also bräun=
lich, halbglasäugig, bräunlich mit Marmorflecken u. a., sind überall ver=
treten. Auch die Farbe des Augenfleisches ist maßgebend. Nur ein
schmaler, bläulichweißer oder dunkelblauer, sogar schwarzer (selbst wenn
von allen Federn entblößter) Augenring wird geschätzt, während roth=
farbiges Augenfleisch, das übrigens stets etwas aufliegt, verwerflich
erscheint. Bei einzelnen Thieren stehen die Federn über den Augen
so vom Kopfe ab, daß sie einen kleinen Schirm über den schmalen
blassen Augenringen bilden. Diese eigenthümliche Struktur des Ge=
fieders über den Augen hat man bei keiner andern Art der Tümmler,
sie kommt aber bei vielen Arten der Haus= und Farbentauben mit
Muschelhauben vor. Man nennt solche Danziger Tümmler „Klappen=
tümmler".

An den Kopf schließt sich ein schlanker, nicht zu langer Hals,
der in einer kräftigen, fleischigen, nicht zu breiten Brust endigt. Die
Flügellängen sind verschieden. Bei einigen Stämmen reichen die
Schwingen bis beinahe an das Schwanzende, bei anderen sind sie auf=
fallend kürzer; einige Stämme zeigen die Eigenthümlichkeit, die Flügel
stets, also ähnlich wie die Pfautauben, unterhalb des Schwanzes zu
tragen. Die Klafterweite erreicht 60 cm, die Länge von der Schnabel=
spitze bis zum Schwanzende 35 cm. Der Schwanz wird verschieden
getragen. Einige Stämme tragen ihn glatt, bei anderen bildet er
ein kleines Dach, wodurch eine entfernte Aehnlichkeit mit dem Schwanze
einer sehr mangelhaften Pfautaube, welche die Schwanzfedern wage=
recht trägt, herbeigeführt wird. Einer Flugtaube mit sehr langen
Steuerfedern gereicht dies zur Zierde. Die Schwanzfedern, oft bis zu

19 Stück, ändern ebenfalls in der Länge ganz bedeutend ab. Dann
findet man auch — allerdings nicht zu häufig — daß aus einem
Kiele zwei für sich gesonderte Federfahnen hervortreten, und daß in
einem Schwanze bis drei Stück derartige doppelte Fahnen vorhanden
sind. Daß diese Abweichung nicht nur der Taube zur Zierde gereicht,
sondern auch ein wichtiges Hilfsmittel des Hochflugs ist, bedarf
wol keiner nähern Erörterung.

Da dem Danziger Taubenliebhaber, wie bereits erwähnt, nur
die Ausdauer der Thiere maßgebend ist und bleibt, so sieht er weniger
auf die Farbenzeichnung, schätzt die Tauben jedoch höher, wenn sich
zu der reinen Farbenzeichnung auch die übrigen Eigenschaften gesellen.
Nur das Purzeln ist unter allen Umständen ein Fehler, der hin und
wieder vorkommt, der aber auch dem an diesem Kunststück unschuldigen
Thiere stets zur Todesursache wird. Es kommen alle möglichen
Farbenzeichnungen vor. Einfarbige, rein Weiße, Schwarze, Braune,
Gelbe, Fahle in allen Schattirungen; Schecken in regelmäßiger Zeichnung,
Schimmel (der Gelbschimmel mit Milchauge ist der geschätzteste Vogel),
rein gezeichnete Blau=, Braun=, Schwarz= und Gelb=Köpfe, desgl. nur
mit farbigen Schwänzen, gehören durchaus nicht zu den Seltenheiten,
wohingegen reinfarbige Weißschläge bedeutend schwerer aufzutreiben
sind. Eine hervorragende Liebhaberei besteht für die ausgeprägte
Tiger= oder (wie sie in Danzig genannt wird) Mohren= oder Maser=
zeichnung, welche recht gut aussieht: hellgesprenkelter Kopf, tiefdunkle
Brust, die Flügel groß und nach den Spitzen zu immer feiner geschuppt,
und endlich entweder ein einförmig dunkler oder ein hellfarbig ge=
flammter Schwanz. Die Zeichnung findet man ebenfalls in allen
Farben vertreten. Eine Zeichnung, und gewiß die werthvollste, ist
indeß gänzlich verloren gegangen: die Nönnchenzeichnnng. Nach glaub=
haften Quellen war dieselbe vor 50 bis 70 Jahren sehr vertreten; die
Thiere, welche häufig auch schwarze glatte Beine gehabt haben sollen und
dann um so werthvoller waren, nannte man damals „Danziger
Mohrenköpfe“. Endlich sei noch erwähnt, daß drei= und vielfarbige
Zeichnungen in oft merkwürdiger Zusammenstellung vorkommen.

Der Danziger Tümmler nistet und vermehrt sich ziemlich gut
und macht dem Liebhaber viele Freude, zumal wenn dieser seine Thiere
gut dressirt hat, was aber nicht Jeder versteht.

7. Der Kasseler Tümmler.

Die Gestalt des echten Kasseler Hochfliegers ist im allgemeinen
die der Gemeinen Taube, die Haltung jedoch eine schönere, edlere zu
nennen: der Kopf ist rund, die Stirn flach, der Schnabel länglich;
die Augen sind Perlaugen, d. h. mit rein weißer Iris und kleinen
Augensternen; die Augenränder sind ganz entgegengesetzt der anderer

4

Tümmlerrassen, mit Ausnahme der Kopenhagener, roth. Je größer und stärker die Augenränder sind, desto mehr Ansehen und Werth hat die Taube. Die Brust ist schön gewölbt, und durch den schlanken, zierlich langen Hals erhält die Taube ein edles Aussehen. Die Flügel schneiden, mit wenigen Ausnahmen, mit dem Ende des Schwanzes ab, und hierauf richtet sich hauptsächlich das Augenmerk der Kenner, weil von der Länge der Flügelfedern auch die Leistungen der Tauben im Fliegen abhängen. Die Füße sind glatt; rauhe Füße oder gar belatschte, gelten als ein großer Fehler.

Die hauptsächlichsten Varietäten sind: rein Weiße, mit und ohne Kappe, schwarze, braune und blaue Weißschläge mit Kappe und Bart und ohne solchen. Uebrigens sind auch alle andern Varietäten vertreten, z. B. Fahle, Isabellen, Rothe, Gelbe und Elstern.

Das Hauptaugenmerk richtet sich darauf, daß dieselben rein, ohne jegliche falsche Federn sind; entweder ein tiefes Schwarz, ein schönes Braun, oder Blau, oder rein Weiß. Die Thiere sollen 7 bis 9 weiße Spitze oder Schwungfedern, und am After keinen weißen Fleck oder irgend ein Abzeichen haben. Die Nüftern sind rosaroth, der Schnabel ist weiß und je nach der Farbe der Tauben an der Spitze mit einem kleinen Fleck versehen, sodaß also bei rein weißen Tauben der Schnabel weiß, bei schwarzen der Schnabel bis an das äußerste Ende weiß, jedoch an der Spitze mit einem schwarzen Fleck gezeichnet ist. Die Kappen sollen Muschelhauben sein, d. h. von einem Ohr zum andern reichen, etwas über die Höhe des Kopfs emporstehen und zu beiden Seiten in einer Rosette enden. Der Bart muß genau von einem Schnabelwinkel zum andern gehen und darf höchstens 5 bis 8 mm groß sein.

Die Art und Weise des Jagens, sowie die Leistungsfähigkeit der Kasseler Tauben beruht auf folgenden Punkten.

Man setzt zuerst 8 bis 10 Stück der besten Flieger in den Flugkorb (Panzer) und läßt sie los. Sie erheben sich Anfangs in größeren, dann in immer kleiner werdenden Kreisen, ohne zu purzeln, bis sie nach kurzer Zeit nur noch als kleine Punkte am Horizonte erscheinen. Alsdann nimmt man dieselbe Anzahl, und nach kurzer Zeit ist diese mit den anderen vereinigt. Man fährt nun damit fort, so lange man noch Tauben fliegen lassen will. In größter Höhe verweilen dann die Tauben 1 bis 2 Stunden, indem sie fast fortwährend über dem Dache kreisen. Jedoch ziehen sie auch weiter und vereinigen sich etwaigenfalls mit dem Schwarme eines andern Liebhabers. Sie bleiben jedoch ganz in der Hand des Besitzers, d. h. wenn die Tauben gut eingejagt sind, und wenn der 3. oder 4. Strich nachgejagt wird, so ziehen sie nach unten. In der Zucht sind die Kasseler Tauben ebenfalls gut, sobaß sie also allen Liebhabern von Fliegetauben bestens empfohlen werden dürfen.

8. Der Bremer Tümmler.

Dieser Tümmler hat in der Tracht große Aehnlichkeit mit dem Celler Weißschlag und ist gleich ihm ein Hoch= und Soloflieger in des Worts bester Bedeutung. Er kommt in allen möglichen Farben= schattirungen vor, doch wird auf Zeichnung wenig Gewicht gelegt. Hauptsächlich kommen folgende Punkte inbetracht: das Auge soll schön und klar sein, einerlei, ob es mit rothem, weißem oder gelbem Fleische umgeben ist, nur darf es nicht durchbrochen oder, wie man sagt, durch= gelaufen sein, auch darf die Taube nicht verschiedenfarbige Augen haben. Der Schnabel soll nicht zu lang, aber auch nicht kurz und dick, sondern fein und von mittelmäßiger Länge sein, und man sieht es viel lieber, wenn seine Spitze mit einem schwarzen Fleck belegt, als wenn er ganz weiß ist. Der Kopf muß hoch und rund sein (ein sogenannter Aalkopf ist ein großer Fehler), die Stirn ist nicht so flach, wie die der vorhergehenden Schläge, die Brust sehr breit, der Hals muß sich nach dem Kopfe zu verdünnen, die Spitzen der Schlag= federn sollen so lang sein, daß sie das Ende des Schwanzes erreichen; auch darf die Taube nicht zu hoch auf den Beinen stehen. Die Bremer Liebhaber verlangen von ihren Tümmlern hinsichtlich des Fliegens folgende Eigenschaften. Sie dürfen niemals truppweise fliegen, sondern jede Taube muß ihre Tour einzeln für sich abfliegen; d. h. wenn man eine Flugt zusammen abjagt, so muß diese sich nach 8 bis 10 Minuten auseinander theilen, jede Taube darauf einzeln lang= sam nach oben steigen und ebenso auch langsam für sich allein wieder herunterkommen. Ferner muß sie so ruhig und kreisförmig wie möglich fliegen, der Schwanz der Taube muß dabei recht weit ausgebreitet sein, auch müssen die Flügel weit klaftern, und dieses Schweben muß so aussehen, als wenn sie garnicht von der Stelle kommen könnte. Dieses Fliegen ist allerdings hinsichtlich des Habichts sehr gefährlich, und kömmt er dazwischen, so fällt ihm auch meistens ohne viel Mühe eine Taube zur Beute. Aus diesem Grunde lassen die Bremer Lieb= haber ihre Tauben im Winter garnicht fliegen; sie fangen mit dem Jagen Anfang Mai an und hören Ende September damit auf. Die Dauer des Fliegens beläuft sich gewöhnlich auf 3 bis 6 Stunden, doch ist dies häufig bei ein und derselben Taube sehr verschieden; heute fliegt sie 3 und morgen 6 Stunden; aus Zwang soll sie überhaupt niemals fliegen, denn der Trieb zum Hoch=, Dauer= und Schönfliegen muß ihr angeboren sein. Tauben, welche beim Fliegen schnell von oben nach unten schießen, oder mit den Flügeln klatschen, oder gar zu purzeln anfangen, haben in Bremen fast gar keinen Werth.

4*

Der Bremer Schwarzscheck- oder Tigertümmler ist eine Specialität Bremens; er ist größer als der Hannoversche Tümmler, steht in Größe zwischen dem letzteren und der Gemeinen Taube, hat einen kräftigen Körper, starke Brust, kurzen gedrungenen Hals, starken runden Kopf (Schlichtkopf) mit mittellangem kräftigen Schnabel. Das Auge ist im Verhältniß zum ganzen Körper und namentlich zu dem starken Kopfe klein und seine Farbe weder ein reines Weiß, noch Roth, — wir würden die Bezeichnung, welche jedem Tümmlerkenner und Liebhaber verständlich sein wird, hier am Platze mit „Blender" als richtig bezeichnet finden. Die Flügel sind lang und erreichen das Schwanzende, der Schwanz ist ebenfalls lang, die Füße kurz und unbefiedert. Der Bremer Schwarzschecktümmler ist, wofür auch seine äußere Erscheinung spricht, ein ganz vorzüglicher Dauerflieger und dieserhalb in Bremen sehr beliebt und bevorzugt.

Außer den bis jetzt besonders aufgeführten Schlägen sind nun noch die zu dieser Rasse gehörigen Zeichnungen zu erörtern. Wir finden da in erster Linie hervorragend die Elsterzeichnung, verkörpert in dem sogenannten

9. Kopenhagener Tümmler.

Dies ist eine beliebte und weitverbreitete Taube, welche sich sowol bei den Züchtern des nordwestlichen Deutschlands, wie auch in England häufig vorfindet. Als Schönheitsregeln werden bei ihr verlangt: kräftigste Färbung und fehlerfreie Zeichnung. Die Hauptfarben Schwarz, Roth und Gelb sind in der Regel voll, von metallischem Glanz. Die blaue Farbe trifft man dagegen selten, noch seltner aber in reinem Ton; dieser ist meist etwas violett angehaucht. Bezüglich der Zeichnung gelten die allgemeinen Regeln der Elsterzeichnung. Nur die Federn des Unterarms und des Handgelenks dürfen weiß sein, die des Oberarms und der Schulterdecken farbig. Einen weitern Punkt bildet der regelrechte Abschnitt der Grundfarbe unterhalb der Brust gegen das Weiß des Unterleibs. Die Scheidelinie beider Farben soll eine schwache und scharf geschnittene Kurve, mit der Ausbiegung nach dem After zu, bilden und weder zu hoch noch zu tief sitzen. Ferner soll der farbige Schwanz sich ebenso scharf von dem weißen Leib abheben. Bei der schwarzen Grundfarbe ist eine schwache, dunkelangelaufene Oberschnabelspitze zwar erlaubt, aber ebensowenig eine Nothwendigkeit wie bei dem Hannover'schen Tümmler. Dehnt sich jedoch die schwarze Farbe auf der Schnabelspitze etwas zu viel aus, wenn selbst nur bis an die Nasenlöcher, so wird sie sofort zum bedeutenden Fehler. Auch bei blauer Grundfarbe darf sich noch etwas Farbe auf der Schnabelspitze zeigen, bei rother und gelber dagegen ist sie strengstens verpönt.

Eine weitere Zeichnung dieser Raffe haben wir in den

a. Schecken-Tümmlern.

Wir treffen sie an in brillantem Roth, Gelb und Schwarz mit weiß durchschossenen Federn, die sich größtentheils auf die Flügeldecken und die Bruft erstrecken. Eine bestimmte Regel über die Zahl und Verbreitung dieser weißen Federn kann zwar nicht aufgestellt werden, allein man verlangt, daß der Kopf und der obere Theil des Halses, sowie die Schwingen und der Schwanz möglichst viel oder ganz gefärbt, auf den übrigen Körpertheilen dagegen die weißen und farbigen Federn gleichmäßig vertheilt sind. Für die Färbung des Schnabels gilt wieder die oben bei der Elfterzeichnung erwähnte Regel.

Noch eine Scheckenzeichnung tritt auf in den sogenannten

b. Schornsteinfegern.

Auf rothem Grunde mit schwarz angelaufenen Spitzen der Schwingen und Schwanzfedern erscheinen sowol ganz weiße Federn unter die andern gemischt, als auch einzelne Federn, auf welchen die drei Farben sich befinden. Hier läßt sich ebenfalls keine feste Regel zur Beurtheilung aufstellen, im allgemeinen gelten die für die gewöhn= liche Scheckenzeichnung gestellten Anforderungen. Vielfach erscheint bei dieser Taube auch noch Weiß in den einzelnen Schwanzfedern wie beim Almond, mitunter bekommt sogar die schwarze Schwanzbinde einen weißen oder weißlichen Fleck in der Mitte der einzelnen Federn, der an die Afiatischen Mövchen erinnert. Beide Eigenschaften werden gern gesehen und bevorzugt. Die Schornsteinfeger sind im Neftkleide häufig einfarbig dunkel und bekommen die Flecken erst durch die erste Mauser, die dann auch in den folgenden Jahren noch an Zahl und Größe zu= zunehmen pflegen.

Das grade Gegentheil von dieser Art der Verfärbung findet statt bei der Hauptspielart, dem

c. Stipper, oder (nach dem Dänischen) Stänker

genannt. Die Tauben sind im Neftkleide weiß, fast einfarbig hell, entweder ganz weiß, oder blaß röthlich=gelb oder filbergrau, nur etwa an Hals und Bruft in etwas dunklerer Schattirung gefärbt. Dann treten einzelne dunkle Stippen und Sprenkelflecke in Schwarz, Braun oder Blau auf, welche nach jeder Mauser zunehmen, sodaß zuletzt jede einzelne Feder eine bunte Zeichnung hat, in ganz ähnlicher Weise, wie dies bei gut gezeichneten Almonds der Fall ist. Die Deutschen oder ursprünglich Nordischen Stipper sind überhaupt, abgesehen von der großen Figur, dem langen Kopf und Schnabel, das Seitenstück zu jener Englischen Raffe.

Gleichsam zwischen den beiden vorhergenannten Spielarten in der Mitte steht eine dritte, die vorzugsweise im nördlichen Theile von Schleswig-Holstein vorkommt und auch aus Dänemark und Norwegen stammt:

d. die Nordischen Kreuzer.

Sie sind im Nestkleide weiß mit dunklem Kopfe, Vorderhals und Schwanz und ebensolchen Schwingen, also etwa einem Nönnchen ähnlich gezeichnet. Der übrige Körper ist entweder rein weiß, oder nur mit vereinzelten kleinen Flecken versehen, die aber dann nach der Mauser viel zahlreicher, größer und intensiver gefärbt erscheinen. Diese als besonders gute Flieger anerkannten Tümmler führen den Namen Kreuzer daher, daß sie auch gegen widrigen Wind „aufkreuzen" können.

Die Schornsteinfeger mit ihren Spielarten stehen in naher Beziehung zu der Branderzeichnung und sind aus dieser entstanden, weshalb diese auch hier zu erwähnen ist.

e. Der Brander

oder der Tümmler mit Branderzeichnung gehört gleichfalls zu der in Rede stehenden Raffe, wenn er auch einige unbedeutende Abweichungen zeigt. Der Brander ist ursprünglich eine schwarze Taube, deren Metallschimmer an Kopf, Hals, Brust, Rücken und Flügeldecken in Roth übergegangen ist, nur der Flaum und die Spitzen der Schwingen und des Schwanzes sind noch schwarz geblieben, jedoch finden sich Exemplare in den verschiedensten Abstufungen dieser Färbung. Je nachdem das Roth stärker oder schwächer aufgetreten ist, verschwindet die schwarze Farbe mehr oder weniger. Es entstehen zuweilen aber auch weiße Federn zwischen den farbigen und mit ihnen wandelt sich der Brander zu der oben unter dem Namen „Schornsteinfeger" beschriebnen Taube um. Beide Tauben sind also eins und nur durch das Vorhandensein weißer Federn verschieden. Die Kopfbildung ist bei beiden vielleicht etwas weniger flach als bei anderen Schlägen, der Schnabel dagegen ausnahmsweise gegenüber diesen dunkel gefärbt. Das Auge jedoch ist wie bei der ganzen Raffe perlfarbig (hell). Als Regeln der Schönheit für den Brander gilt, daß er am ganzen Körper von gleichmäßigem brillanten Kupferroth ist, nirgends der graue oder schwärzliche Flaum sichtbar wird und nur die Spitzen der Schwingen und die Schwanzbinde schwarz angelaufen sind. Reines Auge ist selbstverständlich. Der Brander wird hauptsächlich in Kopenhagen, früher auch in großer Anzahl in Rostock gezüchtet. Als Flugtaube ist er sehr zu empfehlen.

10. De Krakauer Elſtertümmler (Bläuling).

Nicht blos Almonds, Turbeteens und wie die Vollblut=Ariſtokraten
der Taubenwelt alle heißen, vermögen in Extaſe zu ſetzen, ein unver=
dorbener Geſchmack findet an einer kräftigen Alltagskoſt den meiſten
Gefallen. Und das iſt gut, — denn ſonſt würde der eifrigſte Züchter
vergeblich mit dem Gelde reicher Liebhaber zu konkurriren ſuchen.
Beſonders ſind es nun die zarten Farbentöne, die ſich allenthalben
einer gewiſſen Beliebtheit erfreuen, und in dieſer Beziehung nehmen
wol die Eistauben unbeſtritten den erſten Rang ein. Was iſt es
nun, was uns an dieſen Tauben, den „Lichtbläſſen“, den „Mehligten,“
den ſogenannten „Elben“ und anderen gegenüber ſo imponirt? —
Es iſt das ſchlichte und doch ſo duftige Gefieder und der eigenthümliche
Kontraſt dieſes hellen, duftigen Gefieders zu dem vollſtändig dunklen
Schnabel. Dieſe Eigenſchaft finden wir nun durch die Krakauer
Elſter, recte „Krakauer Bläuling“, auf die Tümmlerraſſe über=
tragen. Was Wunder alſo, daß ſich der Krakauer Bläuling überall
Beifall und Liebhaber erworben hat. Ueber die Abſtammung des
„Bläulings“ ſollten wir uns nicht in Zweifel befinden, und wir
glauben feſt, daß ſeine Ahnen unter den Eistauben und Kopenhagener
Elſtern zu ſuchen ſind. Unſerer bisherigen Anſchauung gemäß, hätten
dieſe beiden Arten genügt, um in den Händen verſtändnißvoller Züchter
in einer Reihe von Jahren den Bläuling als konſtante Taubenraſſe
hervorgehen zu laſſen. Aus Krakau wird uns aber berichtet, daß bei
Erzeugung des Bläulings beſtimmt auch ein ſilberfahler Tümmler mit
Binden im Spiele geweſen ſei. Ob dieſer Tümmler nothwendig war,
um das Glasauge in der neuen Raſſe zu befeſtigen?

Wir können dies um ſo weniger behaupten, ſchreibt Herr
Buchmann=Krebs in Regensburg in den „Blättern für Geflügel=
zucht“, als die Eistauben in uns nahe gelegenen Kreiſen zwar zumeiſt
gelbe, doch nicht ſelten auch perlfarbige Augen haben (und faſt immer
glattfüßig ſind).

Daß der zur Kreuzung verwendete Elſtertümmler aus Warſchau
bezogen wurde — wie wir ferner erfahren — ſpricht nicht dagegen,
daß dies die Kopenhagener Elſter geweſen ſei, indem dieſelbe ſehr
wahrſcheinlich von den Oſtſeeſtädten aus nach Warſchau gelangte,
und da es ja unbedingt ein langſchnäbliger Elſtertümmler geweſen
ſein mußte. Uebrigens wird von uns maßgebender Seite, angenommen,
daß der Stammbaum der Silberelſtern überhaupt in Warſchau zu
ſuchen ſei und daß man in dieſer Stadt heute noch viele prachtvolle
Thiere treffen könne.

Ueber die muthmaßliche Abſtammung einer Taube laſſen ſich
verſchiedene Schlüſſe ziehen, die oft mit derſelben Beweiskraft zu
widerlegen ſind, als ſie aufgeſtellt wurden. So intereſſant es wäre,

genau zu wissen, wie der Bläuling erzeugt wurde, so müssen wir uns doch auch hier — wie bei fast allen Rassen — begnügen, uns zu freuen, daß diese herrliche Varietät geschaffen worden ist, und daß sie existirt.

Die Figur der Krakauer Elster ist zwar so ziemlich die der langschnäbligen Tümmler. Wir glauben aber auf den ersten Blick zu finden, daß wir es mit keinem reinrassigen Tümmler, sondern mit einem Mitteldinge zwischen Tümmler und der Gemeinen Taube zu thun haben. Das ganze Exterieur des „Krakauers" scheint uns mehr an die Gemeine Taube zu erinnern und das reichliche, eng anliegende Ge= fieder, sowie das scheue Wesen aller jener Exemplare, die uns bis jetzt zu Gesichte kamen, konnten uns nur in der Ansicht bestärken, daß dieser Elstertümmler — unbeschadet seines Tümmlerblutes — sogar ein tüchtiger Feldflieger sei; doch glauben wir fest überzeugt sein zu dürfen, daß die in Rede stehende Taube entweder überhaupt oder doch in der Regel nicht purzelt.

Der Kopf der Krakauer Elster ist flachstirnig, ohne Haube, der Schnabel länger und dünner, als bei der „Kopenhagener", weshalb auch der Kopf schmäler zu sein scheint. Ueber den Körperbau ist weiter nichts zu sagen; die Füße sind selbstredend unbefiedert. Auch über die Zeichnung brauchen wir nicht viele Worte verlieren. Sie ist genau die der Kopenhagener Elster, und wie man bei letzter einen „tiefen Schnitt" wünscht, d. h. haben will, daß sich die Grenze zwischen „farbig" und „weiß" möglichst tief unter der Brust befindet, so scheinen auch in Krakau hochgeschnittene Thiere verpönt zu sein. Die Farbe endlich ist jenes herrliche „Eistaubenblau", das wir zwar auch bei den Lichtblässen bewundern, das sich aber wesentlich von der Farbe der silberfahlen Elstern, Bärtchentümmler, Römer und anderen Tauben unterscheidet. — Je lichter die Farbe ist, desto besser. Der Höhepunkt in dieser Beziehung wird bekanntlich an jenen Körpertheilen erreicht, an welchen sich die weiße Abzeichnung anschließt, dem Sattel und der Brust. Daher kann man sich nur in der Nähe davon überzeugen, daß man eine gezeichnete Taube vor sich hat. Auch tragen die weißen Flügel sicher dazu bei, die Taube noch heller, noch feenhafter erscheinen zu lassen.

Bei allen jenen silber= oder blaufahlen Tauben ist der Schnabel hell, und dies ist vermuthlich der Grund, warum so vielfach ange= nommen worden ist, daß auch der Schnabel des Bläulings hell sein müße. Der Schnabel des Bläulings muß schwarz, im vollen Sinne des Wortes dunkel sein (Pechschnabel). Ein heller Schnabel wäre hier nichts Auffallendes, nur der intensiv dunkle Schnabel ist der allein richtige, nur er verleiht der Taube das, was sie erst recht schätzbar macht.

„Was ist's dann mit den hellschnäbligen Elstern, die doch in der vorwiegenden Zahl zu uns kommen?" hören wir nun fragen, und es ist eine bequeme und nichtssagende Antwort: „Sie gehören entweder einer eigenen Varietät an, oder es sind entartete Abkömmlinge der echten Krakauer Rasse!"

Natürlich ist es für uns schwer, etwas hierüber aufzustellen, das man allenthalben gelten lassen kann, doch wird man uns immerhin gestatten, die Ansicht auszusprechen, daß der weiße Schnabel lediglich der Rückschlag zu jenen Tümmlern (silberblauen oder Dänischen Elstern) ist, die ursprünglich zur Zucht verwendet wurden, denn bekanntlich ist selbst der Schnabel jener fahlen Tauben gewöhnlich hell, die direkt von blauen gefallen sind

Wenn nun aber die größere Zahl der bis jetzt zu uns ge= kommenen eisblauen und zumal sogenannten perligen Elstern hell= schnäblig war, so beweist dies nur, daß, wenn man uns das Beste überhaupt bietet (was wir sehr bezweifeln), uns dasselbe naturgemäß und gar nicht ohne Berechtigung doch nicht zuerst geboten wird.

Aber hellschnäblige Elstern sind ja doch auch in der Farbe heller nüancirt!?

Allerdings zeigt der hellere Schnabel gewöhnlich auch die hellere Farbe an, aber wir sahen auch „Krakauer", die bezüglich ihres Ge= fieders eher einem weißen Perlhuhne, denn einem Elstertümmler glichen! Uebrigens könnten die sehr lichten Elstern mit schwarzem Schnabel ganz gut zu jenem „Besten" gehören, was uns noch nicht geboten wurde, und das man uns zu den Preisen, die wir bisher bewilligt haben, vielleicht auch noch nicht bieten wird.

Zum Ueberfluße müssen wol die dunklen Augenringe die Frage, ob heller oder dunkler Schnabel richtig sei, endgültig zu Gunsten des letzteren entscheiden, und Jeden, der sich überhaupt jemals mit Tauben abgegeben hat, auf die richtige Spur führen.

Fassen wir nun alles bisher Gesagte in Kürze zusammen, so ergiebt sich für den Krakauer Bläuling folgendes Nationale:

Schmaler flacher Kopf, langer dunkler Schnabel und von dunklen Lidern umgebene Glasaugen; sehr lichte Farbe und die deutlich er= kennbare Zeichnung des Kopenhagener Elstertümmlers.

Gute Thiere, wie man sie in Krakau zu kaufen wünscht, sind selbst dort sehr selten und sollen noch vor einigen Jahren fast nicht zu kaufen gewesen sein — mittlere sind heute sehr zahlreich und sehr billig.

Die am häufigsten vorkommenden Fehler des Bläulings sind der zur Genüge besprochene helle Schnabel und ein Anflug von Flügel= binden. Thiere mit ersterem Fehler sollten von nun an nicht mehr prämiirt werden, da solche ja als Krakauer Elstern eben fehlerhaft sind.

Dagegen wäre es rathsam, dieselben mit Dänischen Blauelstern zu kreuzen, um eines Theils diese zu verbessern, anderen Theils aber, um einen Farbenschlag zu erzielen, der wenigstens vor einigen Jahren in Kopenhagen noch nicht existirte. Die Bindenfedern können sowol ein Rückschlag auf die Eistaube, als auf einen silberblauen Tümmler sein, übrigens zeigen sich diese Bindenfedern auch bei der Nachzucht von anderen geelsterten Tümmlern nicht selten, z. B. bei silberfahlen Ganseln (oder Gamseln) und zuweilen sogar bei der blauen Kopen=hagener Blauelster. Ueber diese Bindenfedern wird uns von verehrter Hand berichtet, daß dieselben in Krakau so infam verheimlicht werden, daß man nie sicher ist, ob man nicht beim Kauf ein Taubenpaar mit diesem Fehler erstanden hat.

Wenn wir auch bei komplizirten Zeichnungen, wie z. B. die der Huhnschecke (Linzer), die Taube anerkennen, wenn sie rein gerupft werden kann, ohne daß eine kahle Stelle entsteht, so ist die „Rupferei" bei der gewissermaßen doch einfachen Zeichnung des Elstertümmlers unter keinen Umständen zu verzeihen.

Es bleibt uns nun noch übrig, einiges über die geistigen Fähig=keiten der Taube zu berichten.

Die Taubenliebhaber in Krakau richten ihr Augenmerk darauf, ihre Lieblinge so zu erziehen, daß sich selbe nie auf ein fremdes Dach hinsetzen und unter keinen Umständen ein ihnen wo anders gestreutes Futter aufnehmen. Ferner sind die Tauben im Fluge so geschickt, daß sie der Habicht vergebens verfolgt.

Zur Uebung in dieser Richtung werden sie — zumal im Winter — grade dann gejagt, wenn jener Raubvogel am Horizont erscheint. Diese beiden Eigenschaften sind gewiß sehr gute und wären wol jeder Taubenrasse zu wünschen, da wir dann weder durch den Habicht, noch durch den Raubvogel ohne Flügel einer unserer Lieblinge mehr ein=büßen würden. Durch diese Eigenschaften erklärt sich auch das scheue Wesen, welches wir am Bläuling zu finden vermeinten, während dadurch unsere Ansicht, daß dieser Tümmler feldet, in Frage gestellt wird. Immerhin ist es aber nicht ausgeschlossen, daß zu uns keine Tauben kamen, bei denen jene Eigenschaften besonders ausgeprägt, und daß um Krakau ländliche Liebhaber Bläulinge halten, die dennoch gewöhnt sind, Nahrung auf dem Felde zu suchen.

II. Gruppe.
Rauhfüßige, flachstirnige Langschnäbel.

Diese Rasse unterscheidet sich von den glattfüßigen Langschnäbeln nur durch die Befiederung an den Füßen; Kopfbildung, Schnabel und

Körperbau sind vollständig gleich. Mehrfach vorgenommene Messungen haben zu den gleichen Ergebnissen geführt. Es sind folgende:

von der Schnabelspitze bis	zur Stirn	17 mm
" " "	" zum Mundwinkel	22 "
" " "	" zur Augenmitte	32 "
" " "	" zum Genick	52 "
" " "	" Schwanzende	350 "

Klafterweite 655—660 mm.
Umfang 250 mm.

Vergleicht man diese Maße mit denjenigen der Gemeinen Taube, so findet man, daß sie vollständig im gleichen Verhältniß wie bei der letztern stehen, nur die Schnabellänge schwankt um 3 mm. Auch in Färbung und Zeichnung bietet die Rasse gegenüber ihrer Vorgängerin nur wenig Verschiedenheit. Es finden sich gleichfalls wieder satte, kräftige Farben, aber etwas weniger Zeichnung. Diese erstreckt sich vorab auf weiße Schwingen, weißen Schwanz oder beide vereinigt. In den drei Fällen sind immer auch die Federfüße vom Fersengelenk ab, weiß gefärbt. Ferner findet sich die Elsterzeichnung (in England) sowie vorzügliche Scheckenzeichnung vor. Diese Rasse war lange Zeit am Mittelrhein stark vertreten, wo sie als Truppflieger dressirt und als vorzügliche Umschläger, (Purzler) betrachtet wurde. Heute ist sie überall ziemlich selten geworden, und einige Farben lassen sich kaum noch auffinden.

Zur Beurtheilung der Schönheit inbezug auf Augen, Schnabel, Färbung und Zeichnung sind die allgemeinen Regeln giltig. Das Körpermaß darf den mittleren Durchschnitt nicht überschreiten; zu große, kräftige Thiere, wie sie mitunter vorkommen, sind nicht beliebt.

Unter der Scheckenzeichnung ist ein Anfangsgrad derselben in England von Bedeutung und dort unter dem Namen „Rosen= flügel" bekannt. Auf dem obern Theile der Flügeldecken zeigen sich auf farbigem Grunde in der Regel die ersten weißen Federn bei allen Schecken der verschiedensten Rassen; so beim Trommler, mehreren Kröpferarten, als auch bei diesem Tümmler.

In diesem Zustande wollen die Engländer die Zeichnung erhalten und haben ihr den angeführten Namen gegeben. Die weißen Federchen sollen in nicht zu großer und nicht zu kleiner Anzahl auf der er= wähnten Stelle regelmäßig, in gleichen Abständen von einander ver= theilt erscheinen. Daß eine solche Zeichnung nie beständig wird, daß sie immer zwischen „zu viel" und „zu wenig" schwankt, lehrt die Erfahrung.

Deshalb haben die Engländer auch einen zweiten und dritten Grad der Scheckenzeichnung mit eigenem Namen belegt. Verbreitet sich nämlich das Weiß auf die ganze Flügeldecke, oder auch nur auf einen größeren Theil derselben, so wird die Taube „Weißflügel" genannt. Erst dann, wenn auch die übrigen Theile des Körpers, wie Brust, Hals und Schwingen weiße Federn zeigen, heißt die Taube „Schecke".

Der bekannteste Repräsentant dieser Gruppe ist

der Berliner blaubunte Tümmler.

Diese Tümmler, auch Langnasen genannt, sind seit ungefähr 25 Jahren durch Liebhaber von Fliegetauben in Berlin und Umgegend gezüchtet worden und gehören zu den wirklichen Hoch= und Dauer=fliegern, die zu bestimmten Zeiten des Tags, je nach der Jahreszeit, gejagt werden, welcher Sport in Berlin sehr beliebt ist und schon unter Friedrich dem Großen und vielleicht über dessen Zeit hinaus, eifrig betrieben wurde.

Die langschnäbeligen, dunkelgefärbten Blaubunten geben im Hoch= und Dauerfluge den Prager Eulen, Stralsunder und Danziger Hoch=fliegern nichts nach, ja übertreffen sie hinsichtlich eleganter Schwenkungen, durch die sie dem Raubvogel leichter entgehen. Aus diesem Grunde haben sie trotz mehrfacher Einführung die genannten Arten nie Boden gewinnen lassen. In der Figur sind sie bedeutend länger und stärker wie die später zu beschreibenden hellen Blaubunten, haben einen be=deutend längern Schnabel, der mit der Stirn eine ziemlich grade Linie bildet, kluge, vielfach dunkle Augen und schwachbelatschte Füße. Da sie im Fluge ungemein ausdauernd, in der Zucht sehr dankbar und billig sind (2 bis 3 M. das Par), so werden sie von den Liebhabern der Hochflieger gern gehalten, in anderen Provinzen aber findet man sie trotz ihrer guten Eigenschaften selten.

III. Gruppe.
Glattfüßige, flachstirnige Mittelschnäbel.

Mit diesem Namen kann man eine weit verbreitete, viele Zeich=nungen enthaltende und viele Einzelschläge zählende Rasse bezeichnen. Ihr Hauptverbreitungsbezirk ist die untere Elbe mit dem Zentralpunkt Hamburg. Man könnte sie deshalb auch ebensowol „Hamburger Rasse" nennen.

Sie zeichnet sich gegenüber den beiden vorangegangenen durch kleinern, zierlichern Körperbau, kleinern, auch im Körperverhältniß kürzern Schnabel, runden Kopf und, wenn überhaupt vorhanden, durch eine außerordentlich starke, auf beiden Seiten tief herabgehende Muschel=haube aus. Weiter hat die Rasse immer unbefiederte Füße, er=scheint aber wie ihre Vorgängerinnen gleichfalls in sehr tiefen, satten Farben. Auch bei ihr ist der Schnabel etwas konisch, spitz zulaufend, die Stirn niedrig, doch nicht so flach wie bei den vorstehend Beschriebeuen; beide bilden nur einen schwachen Winkel gegeneinander. Die Farbe des Schnabels ist durchgehends hell, fleischfarbig (Wachsschnabel), nur bei schwarzer oder blauer Färbung des Kopfes erscheint hin und wieder eine dunkel angelaufene Schnabelspitze. Das Auge muß in allen Fällen rein perlfarbig sein, wenn es nicht als fehlerhaft betrachtet werden soll.

Keine Rasse zeigt so viele korrekte Zeichnungen. Wir finden bei ihr wieder die Weißschwanz- und Weißschlag-Zeichnung, sowie beide vereinigt. Auch die Scheckenzeichnung fehlt ihr nicht. Weiter ist zu ihr zu zählen die Kalotten-, Nonnen- und Elster-Zeichnung.

Eine genaue Messung von Durchschnitts-Exemplaren aller eben genannten Zeichnungen ergab die gleichen Maße, nämlich:

von der Schnabelspitze bis zur Stirn	12 mm,
„ „ „ „ „ Schnabelspalte (Mundwinkel)	19 „
„ „ „ „ „ Augenmitte	28 „
„ „ „ „ „ zum Genick	45 „
„ „ „ „ „ Schwanzende	310 „
die Klafterweite betrug	630 „
der ganze Umfang betrug	240 „

Die Weißschwanz-Zeichnung, in Hamburg „Stickschlag", und die Weißschwingen-Zeichnung, wenn mit ersterer verbunden, „Weißschlag" genannt, müssen den allgemeinen Regeln dieser Zeichnungen entsprechen. Man findet bei ihnen oft ganz vorzügliche Exemplare, sowol in dem brillantesten Tone der Grundfarben Schwarz, Roth und Gelb, als im zartesten Blau und dessen Nebenschattirungen, die beiden letzteren Farben ziemlich selten. Das Gleiche gilt von der Scheckenzeichnung, doch ist diese in der Regel mehr an glattköpfige Thiere gebunden. Die hauptsächlichsten Repräsentanten dieser Rasse sind

1. die Kalotte,
2. das Nönnchen,
3. die Elstern (Kopenhagener).

Eine hervorragende Rolle nimmt eine Zeichnung ein, deren Träger

1. Kalotte

genannt wird, (aus dem Französischen Calotte — Priesterkäppchen — abgeleitet; daher auch Plättchen oder Platten-Tümmler) eine Zeichnung, die sich in der ganzen Familie der Haustauben nicht wieder findet. Aehnelt ihr auch die Maskenzeichnung bei der Gemeinen Taube, so ist bei dieser die Kopfplatte doch nie vollständig gefärbt, noch ist die Färbung eine so kräftige wie bei der Kalotte. Diese, auch Plattentümmler und von den Engländern Helmtaube genannt, ist

zweifelsohne eine der schönsten Tümmlerarten. In Körperform, Kopf=
und Schnabelbildung mit den anderen Hamburger Tümmlern über=
einstimmend, bildet sie nur eine Zeichnungsvarietät derselben. Sie
kommt sowol mit voller Muschelhaube als auch glattköpfig vor,
und dieser Unterschied der Befiederung bildet häufig auch einen
Unterschied in der sonst ganz gleichen Zeichnung. Ueber die Trennungs=
linien der Farbe des Schwanzes, gegenüber der weißen Farbe des
übrigen Körpers, ist nichts Besonderes zu sagen, sie müssen den
allgemeinen Regeln entsprechen, und meistens ist dies auch der Fall.
Um so empfindlicher ist dagegen die Zeichnung der Kopfplatte. Bei
ihr muß die Trennungslinie der Zeichnung und Grundfarbe in der
verlängerten Schnabelspalte liegen, durch die Mitte des Auges gehen
und scharf um den Hinterkopf herum abschneiden, genau so, wie man
es von der farbigen Platte der vollplattigen Schwalbentaube und von
der weißen Platte der Mönchtaube verlangt. Natürlich ist es, daß
bei den mit Muschelhauben gezierten Tauben die Plattenzeichnung
häufiger rein erscheint als bei glattköpfigen Tauben; erstens weil die
Haube schon an und für sich eine Trennungslinie zwischen den Farben
bildet, und zweitens, weil die Haube leicht kleine Unregelmäßigkeiten
deckt. Sehr fragwürdig ist dagegen die Zeichnung, wenn keine Haube
vorhanden. Man trifft dann einen erblichen Fehler an, der darin
besteht, daß die Farbe der Platte zu beiden Seiten des Hinter=
kopfs in Spitzen ausläuft. Dieser Fehler befindet sich selbst in dem
„Illustrated Book of Pigeons" by Robert Fulton und in der Deutschen
Uebersetzung desselben von Dr. Ed. Baldamus.

In der Färbung ist die Kalotte meist ebenso intensiv, wie ihre
Verwandten derselben Rasse. Ungeachtet daß nur untergeordnete
Theile überhaupt gefärbt sind, so erscheint doch auf diesen bei Schwarz,
Roth und Gelb, ja sogar mitunter bei Blau Metallglanz. Die
beiden ersteren Farben sind die gewöhnlicheren, Gelb und Blau sind
seltner, und besonders letzte wird hochgeschätzt. Außer diesen Grund=
farben erscheinen auch Misch= und Mittelfarben, wie Mausgrau, Fahl,
Lederfarbe u. a.

2. Das Nönnchen oder die Nonne. (Columba Vestalis.)

Dieser Tümmler, dessen Zeichnung sich ausschließlich auf ihn
beschränkt, wurde bis in jüngster Zeit vielfach zu den Farbentauben
gezählt, jedoch ohne jegliche Berechtigung. Es unterliegt gar keinem
Zweifel, daß das Nönnchen zu den Tümmlern gehört, da sein ganzer
Körperbau, das echte (Perl=) Auge und alle übrigen dem Tümmler
inne wohnenden Eigenschaften zu dieser Annahme berechtigen. Ein fehler=
freies Nönnchen ist zierlich von Körper, hat einen hübsch geformten
Kopf, meistens eine schöne runde, dicht und aufrechtstehende Muschel=

haube, feinen, den Gesetzen der Färbung des Kopfs entsprechenden
Schnabel (d. h. bei schwarzer und blauer Kopffarbe darf der Oberschnabel schwarz angelaufen, bei rother und gelber Kopffarbe muß er
jedoch ganz fleischfarbig sein) mit möglichst gleich starken Kiefern, hell
röthlich wachsfarbig, helles (perlfarbiges) Auge mit schmalem dunklen,
nicht fleischfarbigen Lid, und glatte, dunkel fleischrothe Füße und
Zehen. Auf weißem Grunde sind der Kopf bis zum Genick und ein
Theil des Halses, die Schwingen und der Schwanz gefärbt, eine Zeichnung, die wie die Schwalbenzeichnung zu den heikelsten überhaupt
gehört, so daß eine reine Nonne kaum je gefunden wird. Diese
Zeichnung bildet mit dem am Vorderhalse heruntergehenden Bart
oder Latz gewißermaßen einen herabgelaßnen Nonnenschleier; daher
auch die Bennenung der Taube. Der Bart soll sich bis unter die
Kehle erstrecken und rein und genau abgegrenzt sein. Eine gute Latz-
grenze ist besonders deshalb von Werth, weil sie gewöhnlich noch eine
werthvollere Eigenschaft anzeigt, nämlich die richtige Anzahl von gefärbten Schwungfedern. Die Zeichnung erscheint in den drei Hauptfarben Schwarz, Roth und Gelb, sowie in den Misch- oder Mittelfarben. Die blaue Farbe zu erzeugen ist augenblicklich das Bestreben
einiger Züchter. Wol sind auch schon Ergebnisse erzielt, die indessen
noch weit von der erwünschten Vollkommenheit entfernt sind und für
alle Zeiten entfernt bleiben werden, weil es überhaupt keine weiße
Taube mit blauen Schwingen gibt noch je geben wird. Den
heikelsten Punkt der ganzen Zeichnung bilden die Schwingen. Sie
sollen, der allgemeinen Regel entsprechend, aus neun farbigen Federn
auf jeder Seite bestehen, gedeckt durch die gleichfalls gefärbten Daumenfedern. Diese Vollkommenheit findet sich jedoch nur äußerst selten,
am ehesten noch bei schwarzer Farbe. Die rothe und besonders aber
die gelbe Farbe leidet an zu wenig farbigen Federn, oder an un-
gleicher Zahl gefärbter Federn. Man begnügt sich bei diesen Farben
schon mit sieben oder acht Federn und sieht von einer regelrechten
Deckung ab. Eine weitere Schwäche der Schwingen liegt häufig in
der Färbung selbst. Bei schwarzer Farbe sind diese im Innern meist
fuchsig, bei rother und gelber Farbe meist verschossen. Dies alles
darf bei einer Standard-Taube nicht der Fall sein. Etwas weniger
schwierig, doch immer noch schwierig genug ist die Kopfzeichnung.
Auch hier ist die kappige Taube gegenüber der glattköpfigen, die viel
seltener vorkommt, im Vortheil. Wie immer muß die Farbe vor der
Haube beziehungsweise mit dieser abschließen. „Die Haube muß weiß
gefüttert sein", lautet der technische Ausdruck. Dieser Punkt wird auch
häufig korrekt angetroffen, dagegen gehört eine in schöner, scharfer Linie
stattfindende Abgrenzung der Zeichnungsfarbe nach unten gegen die Brust
zu den Seltenheiten. Dies ist ein allgemeines Uebel der Farbenkopf-

zeichnung, hervorgerufen dadurch, daß oben am Halse eine Scheidelinie verschiedener Federfelder bei der Taube nicht vorhanden, weshalb die Trennungslinie zweier Farben an dieser Stelle immer schwankend bleibt. In der Färbung bietet der Kopf nur bei Roth und Blau Schwierigkeiten, während er bei Schwarz und Gelb meist gut angetroffen wird. Am wenigsten sind solche aber bei Zeichnung und Färbung des Schwanzes vorhanden. Erstere muß den allgemeinen Regeln entsprechen. Ist letztere dagegen am Schwanze schlecht, so ist sie es gewiß auch schon an den Schwingen. Die blaue Farbe macht allein eine Ausnahme, bei dieser ist sicher die Schwanzfarbe der beste Punkt einer blauen Nonne.

Die Nachzucht fällt selten rein aus, weshalb die Züchtung der Nönnchen eine der undankbarsten ist. Kopf und Hals sind bei den Jungen meist nicht fest in der Zeichnung, oft erscheinen vom farbigen Schwanze ab farbige Rückenfedern, und außer den großen Schwingfedern, sind es häufig auch die kleinen sammt ihren Deckfedern, wodurch die sogenannten Aenkel oder Knebel am Handwurzelgelenk des Flügels sichtbar werden, wie bei den Storch- oder Schwingentauben, bei denen es aber kein Fehler, sondern ein Erforderniß ist.

3. Die Elstern (Kopenhagener).

Eine auffallende Erscheinung ist es, daß nur die Elsterzeichnung der Hamburger Rasse im strengen Sinne Kopenhagener heißt, während bei den, als Dänische Tümmler bezeichneten Tauben gleichfalls Elstern vorkommen, aber nicht Kopenhagener genannt werden. Die Zeichnungen beider, sowie auch diejenigen der Englischen Elstertümmler, sind völlig übereinstimmend und nur die Formen der Köpfe, der Schnäbel, sowie die Fußbefiederung bilden die Rassenunterschiede.

Im Ganzen bietet die Elsterzeichnung weniger Schwierigkeiten, als die des Nönnchens und der Kalotte, weshalb sie viel häufiger rein angetroffen wird, als die letzteren. Der Hauptpunkt in der Zeichnung ist die Herzform des Rückens. Nur die Schulterdecken und Federn des Oberarms dürfen die Grundfarbe des Körpers haben, und nur die Federn des Mittelarms und der Hand müssen weiß sein. Ist dies der Fall, dann ist die Herzform korrekt.

Der zweite Zeichnungspunkt ist ein scharfer, symmetrischer Abschnitt der gefärbten Brust gegen den weißen Leib, wobei es nicht so sehr auf die Stelle, wo dieser Abschnitt stattfindet, ankommt, als darauf, daß er scharf und durchaus gleichmäßig ist. Ein tiefer Abschnitt verdient indessen den Vorzug gegenüber einem hohen. Selbstredend muß sich auch die Farbe des Schwanzes von der weißen Farbe des Leibes scharf trennen und dürfen sich keine farbigen Federn an dem weißen Leib, den weißen Schenkeln und den unteren Federn der Flügel befinden.

In der Farbe trifft man die Elstern meist gut an. Schwarz, Roth und Gelb sind und müssen voll und kräftig sein. Blau erscheint in zartem, reinen Ton. Nebenfarben kommen weniger vor, das Auge muß rein (perlfarbig) und fehlerfrei sein, die Farbe des Schnabels den allgemeinen Regeln der Tümmler entsprechen.

Ungewöhnlich stark findet man die Haube bei dieser Zeichnung entwickelt, sie muß vornehmlich als ein charakteristisches Merkmal gelten, durch das sich die Elstern dieser Rasse von denen anderer Rassen unterscheiden.

Außer den beschriebenen und ziemlich allgemein bekannten Arten trifft man noch hier und da weiße Tauben mit farbigem, meist aber nur mit gelbem oder rothem Schwanze an. Sie sind theils glatt-köpfig, theils mit Muschelhaube versehen, im Uebrigen entsprechen sie den eben aufgeführten Arten.

Zu bemerken ist noch, daß sämmtliche Tauben der Hamburger Rasse als Hochflieger im Trupp eingejagt werden.

Wir kommen nun zu einer Rasse, die, obgleich sie in ihrer Ver-breitungszone von der Hamburger ziemlich entfernt ist, dieser doch in vielen Beziehungen sehr nahe steht. Es ist dies die Ungarische, Polnische, Siebenbürger, Bukowinaer oder Bessarabier Rasse. Sie hat einen etwas kräftigern Körperbau, der Schnabel ist an der Wurzel stärker, aber kaum länger, die Stirn steigt steiler auf, der Scheitel ist breiter. Eine stark entwickelte Muschelhaube und nackte Füße sind gemeinschaftliche Eigenschaften beider Rassen. Es sind hierher zu rechnen sowol die als Bukowinaer bekannten einfarbigen Tauben in den fünf Grundfarben, als auch die Elsterzeichnung mit weißem Kopfe (Gansel oder Gamsel) und die Weißkopfzeichnung (Kron-tümmler). Muthmaßlich auch noch andere Zeichnungsformen. Be-merkenswerth ist es, daß in allen Unterabtheilungen dieser Rasse häufig Thiere mit 14 bis 16 Schwanzfedern vorkommen

Die bis jetzt bekannten Vertreter dieser Rasse sind:
1. der Ungarische weißköpfige Elstertümmler,
2. der Polnische Krontümmler,
3. der Bukowinaer Roller,
4. der Königsberger Weißkopftümmler,
5. der Königsberger Mohrenkopftümmler.

1. Der Ungarische weißköpfige Elstertümmler (geganselte oder Gamseltümmler.)

Der Name dieser Taube hat zu einer Meinungsverschiedenheit zwischen den Liebhabern geführt. Während die Einen behaupten, die

5

Taube müsse „Gamsel" heißen, berufen sich die Wiener Züchter auf das Alter des in Deutsch=Oesterreich gebräuchlichen, auf die Zeichnung der Taube begründeten Worts „ganselt". Mit diesem Worte wird in Deutsch=Oesterreich nämlich die weißköpfige Elsterzeichnung, wie wir diese bei der Gemeinen Taube, der Deutschen und Holländischen Kropftaube und der Nürnberger Bagdette antreffen, bezeichnet. Man könnte sich den Ausführungen der Wiener anschließen, da sie das Alter und die Volksthümlichkeit ihrer Bezeichnung für sich haben, aber auch weil sie die Taube zuerst züchteten und diese von Oesterreich nach Mittel= und Norddeutschland gelangte. Demungeachtet ist ihr Provinzial=Ausdruck für die gedachte Zeichnung nicht beizubehalten, sondern die vorge= schlagne allgemein verständliche Bezeichnung „Weißköpfige Elster" anzunehmen.

Der Ungarische oder Polnische weißköpfige Elstertümmler unter= scheidet sich in Größe und Körperbildung von der vorangegangenen Hamburger Rasse nur sehr wenig. Die Maße seines Kopfs, Schnabels und Körperumfangs sind vollständig dieselben, nur die Länge und Klafterbreite beträgt etwas mehr, ein Beweis, daß seine Schwingen= und Schwanzfedern etwas länger sind. Trotz der genauen Ueber= einstimmung der Kopf= und Schnabelmaße ist erstrer doch mehr markirt, eckig, als der Kopf der Hamburger Rasse, der mehr abgerundet ist und in heller Färbung sehr hübsch aussieht. Weitre Uebereinstimmung zeigen beide Rassen in der gleich stark entwickelten Muschelhaube und den unbefiederten Füßen, sowie der, der ganzen Tümmlerfamilie eignen Farbensättigung.

Wesentlich abweichend verhält sich der weißköpfige Elstertümmler dagegen in den Zeichnungspunkten. Die Trennung der Farben, welche die Elsterzeichnung bedingen, farbige Schulterdecken und farbige Federn des Oberarms gegen die weißen des Unterarms und der Hand, ist zwar noch die allgemeine, aber während bei allen anderen Elster= tümmlern der ganze Rücken farbig ist, ist er bei dem weißköpfigen gleichfalls weiß. Freilich ist nicht zu behaupten, daß es bei allen Tauben so sei, es war aber bei allen denjenigen der Fall, die bis jetzt auf Deutsche Ausstellungen gelangten, und man darf annehmen, daß es allgemein so ist.

Die weiße Kopfzeichnung schließt, oder soll den allgemeinen Regeln entsprechend, nach hinten mit der Haube scharf abschließen, und diese muß innen farbig sein. Nach unten reicht das Weiß in der Regel dicht unter das Auge und bis zur Kehle. Dieser kleinere, und hochgeschnittene weiße Kopf steht in einem gewissen Unterschied dem Wiener Ganseltümmler gegenüber, bei welchem letztern die weiße Kopffärbung sowol hinten, noch mehr aber vorn sich tief herunterzieht.

Das Auge entspricht meist den Regeln der weißen Farbe des

Kopfes, es ist gewöhnlich braun, dunkel. Doch finden sich öfters auch helle Augen, wenn auch nicht grade Perlaugen, vor. Letzteren werden Deutsche Liebhaber sicher den Vorzug geben. Die Farbe des Schnabels soll unter allen Umständen immer weiß sein, da der helle Schnabel sowol eine Konsequenz des weißen Kopfes, als auch eine Anforderung an die meisten Tümmlerrassen überhaupt ist.

Schließlich ist noch hervorzuheben, daß dieser Tümmler ein guter Purzler ist.

2. Der Polnische Krontümmler.

Dies ist eine Taube in einer der vier Grundfarben mit weißer Kopf= platte und weißen Schwingen und sie stimmt mit dem eben beschriebenen Gamsel in den Körpermaßen vollständig überein, so daß man sie eigentlich nur als eine Farben=Varietät des weißköpfigen Elstertümmlers an= sehen kann. Seine breite Muschelhaube, die ihm den Namen gab, ist meist stärker entwickelt, als dies bei den vorstehenden Rassen der Fall ist. Bis jetzt sind noch wenige dieser Tauben nach Deutschland gekommen; die, welche auf Ausstellungen gelangten, waren gut in Farbe, der Schnitt des weißen Kopfes erschien jedoch bei Allen noch etwas mangelhaft. Wir begegnen hier der allgemeinen Regel, welche besonders bei der Pfaffentaube in Wirksamkeit tritt, nämlich daß, sobald bei letzter die sogenannten „Mücken" fehlen, die weiße Farbe der Kopfplatte das Bestreben zeigt, sich unter das Auge und bis zur Kehle auszudehnen. Es unterliegt jedoch keinem Zweifel, daß dem korrekten Abschnitt der Kopfplatte mit der verlängert gedachten Schnabel= spalte der Vorzug gegeben werden muß.

Für die weißen Schwingen gilt wiederum die allgemeine Regel der Weißschwingenzeichnung. Bemerkenswerth ist es, daß man auch bei dieser Rasse einen bei den Tümmlern allgemein mit der Weiß= schwingenzeichnung verbundenen, erblichen Fehler wiederfindet, nämlich den weißen After. Es ist dieses Vorkommniß in hohem Grade interessant.

Professor J. R. v. Rozwadowsky in Krakau, der den Kron= tümmler zuerst beschrieb, sagt über ihn: „Der Krontümmler ist ein guter Flieger und in der Regel ein fleißiger Purzler, trotzdem es die Liebhaber im Schwarm ihrer silberblauen Elstern und gehaubten Gamseln recht ungern sehen, daß eine Taube, die im Trupp fliegen muß, ihn durch ihre tollen Streiche unterbricht. — Die Maßzahlen besagter Tauben bieten folgendes Schema:

Schnabellänge bis zu den Nasenwarzen . . .	1	cm
= = = dem Mundwinkel . . .	1½	=
Kopflänge (Gesichtslänge)	4½	=
Halslänge	5½	=
Flügellänge	28½	=

Rumpflänge . . . . 11 cm
Schwanzlänge . . . . 12 =
Brustumfang über den Flügeln . . . . . 23 =
Brustumfang unter den Flügeln . . . . . 18 =
Gesammtlänge . . . . 32 =

Wie nun aus der Tabelle ersichtlich ist, gehört die Taube zu den kleineren Tümmlerschlägen. Kleinheit also zählt auch hier in die Reihe der Forderungen, die an gute Krontümmler gestellt werden. Die ganze Erscheinung der Taube ist nett und anmuthig, ihre Bewegungen sind rasch und flink, sie legt fleißig, brütet und füttert gut.

Der Farbenschläge gibt es im Ganzen vier: Intensiv schwarz, roth, gelb und blau mit wenigen Schattirungen der letztgenannten Farbe, die aber minder beliebt sind, folglich auch nicht angestrebt werden. Die Zeichnung ist eine sehr einfache; der ganze Körper ist farbig; der obere Theil des Kopfs (Schädelplatte) und Flügelspitzen weiß; die Blauen haben außerdem schwarze Binden. Die weiße Kopfzeichnung ist durch die Haube, deren Endwinkel merklich nach innen gekehrt und hierdurch ein wirklich halbdiademartiges Aussehen bietet, das untere Augenlid und Mundwinkel oder Kinn begrenzt; dieser letzte Punkt schwankt nämlich, wie bei der Englischen Perrücke, zwischen hig-cut und low-cut, d. h. es gibt sowol hochgeschnittene Köpfe, bei denen die Grenzlinie zwischen weiß und farbig durch den Mundwinkel und Augenmitte — wie auch tiefgeschnittene, wo das Weiß des Kopfs bis unter den Schnabel reicht, somit das Kinn, aber nur als ganz schmaler Streifen, umfaßt. Weißkehlige Thiere, d. h. solche, bei denen das Weiß über einen Centimeter unter den Schnabel reicht, sind selten und verpönt. Die Zuchtregeln bezüglich dieses heiklen Punkts lauten auf Parung von hochgeschnittenen Exemplaren mit tiefgeschnittenen und dies ist zufällig ganz richtig und rationell, da auf diesem Wege die Zeichnung möglichst streng bleibt, indem weder das Zuviel, noch Zuwenig Platz greift.

Das Auge, d. h. die Iris, ist der allgemeinen Regel gemäß braun, die Haube reinfarbig und breit, je mehr die Wirbel nach innen gelehrt sind, desto besser. Für die weiße Partie der Schwungfedern gelten die allgemeinen Regeln: 8 bis 10 weiße Schwingen in jedem Flügel. Der Schnabel ist rein fleischfarbig, die Beine sind karminroth. Als häufigste Fehler nenne ich: zu viel weiße längste Flugfedern oder deren ungleiche Zahl; weiße Höschen, Bauch und Afterfedern (bei schwarzen regelmäßig); mangelhafte Muschelhaube; minder strenge Abgrenzung oder Ineinandergreifen beider Farben am Kopfe."

Außer den vorstehend beschriebenen gezeichneten Tauben treffen wir noch eine Anzahl einfarbige Tauben, die unter dem Namen Bukowinaer und Bessarabier Tümmler zu uns gelangen. Sie unterscheiden sich in ihren Körper- und Kopfverhältnissen kaum von den Vorangegangenen. Im Ganzen sind sie vielleicht etwas stärker, deshalb auch der Schnabel und Kopf um etwa 2 mm länger. Breite Muschelhaube und nackte Füße haben sie miteinander gemein. Ebenso bei einzelnen Grundfarben roth gefärbte Augenlider und braune Augen bei weißer Grundfarbe.

Es ist kaum zweifelhaft, daß in dieser Raffe nicht auch gezeichnete Tauben vorkommen, vorab solche mit weißen Schwingen und weißem Schwanz.

3. Der Bukowinaer Roller.

Diese Taube gleicht (nach Dr. Lazarus in Czernowitz), der sie zuerst in den „Blättern für Geflügelzucht" beschrieb, in ihrem Aussehen und in den Flugeigenschaften dem Orientalischen Roller. Die Größe derselben beträgt von der Schnabelspitze bis zum Schwanzende 34 Centimeter, die Flugweite 70 Centimeter, der Schnabel ist mittellang und mißt vom Mundwinkel gerechnet 2 Centimeter. Die Taube kommt sowol glatt als gehaubt vor. Die Flügel werden sehr oft hängend getragen. Der Schwanz hat gewöhnlich 12, häufig aber auch 14 bis 16 Federn. Die Bürzeldrüse ist verkümmert, sehr oft fehlt sie ganz, nicht selten kommt statt der mittleren Schwanzfeder eine gespaltene Zwillingsfeder vor. Die Farbe des Gefieders ist gewöhnlich einfarbig oder unregelmäßig gescheckt, die blaue Farbe ist sehr selten vertreten. Das Auge ist perläugig und von einem matt weißlichgelben oder rothen Hautring umgeben. Am merkwürdigsten ist beim Bukowinaer Roller der Flug, welcher den Namen „Roller" vollkommen rechtfertigt. Wenn nämlich die Taube bei ihrem Fluge sich zu einer gewissen Höhe erhoben hat, beginnt sie ihr eigenthümliches Spiel. Sie scheint zunächst auf einem Flecke eine Weile im Fluge inne zu halten, macht dann ein Par kräftigere, auch manchmal klatschende Flügelbewegungen und wirft sich um ihre eigne Achse mit blitzartiger Geschwindigkeit und unzählige Male herum, wobei sie fortwährend dabei nach abwärts rollt, manchmal aber auf einem Punkte aushält und einem sich rasend drehenden Kreisel gleicht. Die Taube sinkt also nicht einfach nach abwärts, sondern sie vollführt diese Bewegung in rollender Art, wobei sie manchmal einen Raum von sehr vielen Klaftern durchmißt. Die Liebhaber sagen alsdann von so einer Taube, „sie geht so viele — und so viele Klafter im Schnitt." Eine andere Art des Rollens besteht darin, daß die Taube, wie schon oben angedeutet wurde, nicht fällt, sondern auf einem Punkte stehen bleibt und sich dabei unzählige Male um ihre eigne Achse umwirft. Diese Art des Rollens kann am besten mit einem Rad verglichen werden, welches um eine feststehende Achse in rasende Umdrehung geräth. Die Liebhaber sagen alsdann von so einer Taube:

„sie geht wie ein Rad, oder wie eine Mühle". Wird ein ganzer
Flug guter Roller aufgejagt, so gleicht ein solcher Anblick den der
auf= und abwärts steigenden Kugeln eines Jongleurs, der geschickt eine
größere Zahl solcher in die Höhe zu werfen versteht und sie dabei
wieder auffängt, denn während eine Taube nach abwärts rollt, steigt
eine zweite schon wieder in die Höhe, um alsbald wieder nach abwärts
zu rollen, wobei die erste sich wieder erhebt ꝛc. Bei dem Rollen nach
abwärts ereignet es sich nicht selten, daß die Taube sich nicht zu
beherrschen vermag und stets so weiter fortrollt, bis sie auf eine feste
Unterlage auffällt, wobei sie sich gewöhnlich mehr oder minder stark
beschädigt, oder auch tobtschlägt. Wenn aber eine Taube die Eigen=
schaft des Rollens zur vollsten Ausbildung bringen soll, so muß sie
seit frühester Jugend zum Fliegen angehalten werden. Tauben, welche
seit ihrer Jugend eingesperrt gehalten werden, rollen, sobald ihnen die
Freiheit gegeben wird, gar nicht und bringen es dann erst zur Voll=
kommenheit, wenn sie längere Zeit gejagt werden. Dagegen aber be=
ginnen junge Tauben schon nach zwei bis drei Wochen ihres Fluges
zu rollen. Anfangs setzen sich dieselben blos „auf den Schwanz",
dann überwerfen sie sich auch hie und da einmal, bis sie solches immer
öfter thun und manchmal schon im Alter von drei Monaten voll=
endete Künstler sind. Alte Tauben, wenn sie auch in der Jugend gut
gerollt haben, verlieren diese Eigenschaft mehr oder weniger, wenn sie
längere Zeit eingesperrt gehalten werden. Eine Taube, die sich zu
einem ausgezeichneten Roller entwickeln soll, muß Raffe haben, d. h.,
sie muß von guten Rollern abstammen. Die Roller=Liebhaber cultiviren
mit besonderer Genauigkeit manche ausgezeichnete Stämme und erkennen
sofort an einer Taube, ob sie von einem solchen guten Stamme ab=
stammt. Es wird deshalb in erster Reihe auf das vorzügliche Rollen
besonderes Gewicht gelegt und in zweiter Reihe erst auf Farbe.
Tauben, welche schön in Farbe sind und dabei auch ausgezeichnet
rollen, werden auch in Czernowitz theuer bezahlt, es ist gar nicht
selten, daß man für so ein Par Tauben 20 Mark und darüber ver=
langt. Der Bukowinaer Roller ist ferner eine ausgezeichnete Brüterin
und bekundet einen merkwürdigen Heimathssinn. Was die Abstammung
des Bukowinaer Rollers anbelangt, so ist es gar keinem Zweifel
unterworfen, daß derselbe vom Orientalischen Roller abstammt. Die
Bukowina war nämlich noch vor 100 Jahren eine Türkische Provinz,
ein Land also, daß sich in seinem Handel, seinen Sitten, Gewohn=
heiten und Liebhabereien mehr dem Oriente anlehnte. Die damals
daselbst seßhaften Begs und Paschas haben sicher ächte Orientalische
Roller gehalten und gezüchtet. Diese Taubenraffe scheint dann, als
die Bukowina Oesterreichisch wurde, immer mehr ihren ursprünglichen
Charakter eingebüßt zu haben, da sie mit gewöhnlichen Tümmlern

immer mehr verpart worden ist. So ist also der Bukowinaer Roller eine Mischlingsraffe vom Tümmler und Orientalischen Roller."

Sehr nahestehend und als zu der Raffe der Polnischen und Siebenbürger Tauben kann gezählt werden

4. Der Königsberger Weißkopftümmler.

In den Kopf= und Körperverhältniffen unterscheidet sich diese Taube von ihren Vorgängerinnen nicht; nackte Füße, stark entwickelte Muschelhaube und gesättigte Farben sind gemeinsame Eigenschaften. Der wesentlichste Unterschied besteht in der Zeichnung. Diese ist die gemönchte; Kopf, Schwingen und Schwanz sind weiß, der übrige Körper ist in einer der vier Grundfarben gefärbt. Es ist einleuchtend, daß bei dieser breitheiligen Zeichnung Fehler leicht vorhanden sein können, auch die weiße Kopffarbe beeinflußt häufig die Färbung der Augen, welche statt rein perlfarbig, gefleckt oder gar dunkel auf einer oder beiden Seiten werden. Die Zeichnung des Kopfs muß hinten von der farbigen Muschelhaube scharf abgeschnitten sein und zu beiden Seiten unter den Augen herlaufend, vorn unter der Kehle endigen. Zu tief heruntergehendes Weiß ist ein größrer Fehler als zu hoch oben endigendes. Die Zeichnung der Schwingen und des Schwanzes hat den allgemeinen Regeln zu entsprechen.

Wie bei jeder Mönchzeichnung ist auch bei dieser Taube der untre Theil des Rückens und Leibes mehr oder weniger weiß. Die Trennung der beiden Farben muß jedoch immer eine scharfe Linie bilden, und dürfen sich vorab keine farbigen Federn in den weißen Bürzelfedern zeigen.

Wie alle Klaffifikation und Eintheilung hinkt, indem es immer einige Individuen gibt, die sich nirgends recht einschieben oder ein= paffen laffen wollen, so geht es in einigen Fällen auch bei einzelnen Angehörigen der Tümmlerfamilie. Ein solcher, der an dieser Stelle einzuschalten wäre, ist

5. Der Königsberger Mohrenkopf=Tümmler.

Diese Taube steht mit ihren Kopf= und Körpermaßen so ziemlich in demselben Verhältniß wie die Polnische und Hamburger Raffe, nur mit dem Unterschiede, daß sie im ganzen etwas stärker ist und Federfüße hat. Bei einem guten Exemplare haben sich folgende Maße ergeben:

Von der Schnabelspitze bis zur Stirn . . .	15 mm
= = = = zum Mundwinkel .	19 =
= = = = zur Augenmitte .	29 =
= = = = zum Genick . . .	49 =
= = = = zum Schwanzende .	340 =
Klafterweite	660 =
Umfang	250 =

Aus diesen Maßen ist ersichtlich, daß diese Taube in ihren Gesammt-Verhältnissen größer ist, wie ihre Vorgängerinnen, besonders ist dies bei den Körpermaßen wahrnehmbar. Die Figur ist gedrungner, die Brust breit, der Hals kurz und dünn, die Füße kurz, die Schenkel sind stark behost (haben Geierfedern) und die Zehen mit zolllangen Latschen besetzt. In der Form ist der Kopf von dem der vorangegangenen nicht sehr verschieden, etwas dicker und eckiger. Die Stirn ist flach, nach dem Scheitel hoch aufsteigend und bildet mit dem Schnabel nur einen flachen Winkel. Der Schnabel ist, wie bei allen bis jetzt aufgeführten Tümmlerarten, konisch, spitz zulaufend, dabei weiß gefärbt, sogenannter Wachsschnabel, ohne schwarzen Fleck auf der Spitze. Bei Muster-Exemplaren, namentlich solchen, die rothe Augenringe haben, ist die Hornhaut des Schnabels durchsichtig, sodaß er schwach rosa gefärbt erscheint. Die Iris ist hell (perlfarbig) das Auge von einem breiten, mitunter rothen Augenringe umgeben.

Die Mohrenköpfe (sie kommen auch in Blau vor) haben dieselbe Zeichnung, wie die Gemeinen Mohrenköpfe (Feldtauben); das Gefieder des ganzen Körpers ist weiß, nur der Kopf, die Kehle und der Schwanz sind schwarz oder blau gefärbt. Die farbige Zeichnung des Kopfs muß bis an die Haube gehen, derart, daß die Vorderhaube schwarz oder blau, die Hinterhaube aber weiß ist, d. h. die nach dem Kopfe zu sitzenden Federn der Muschelhaube haben die Farbe des Kopfs, die nach dem Nacken hin sitzende zweite Reihe Federn der Muschelhaube ist weiß. Je weiter die farbige Zeichnung des Kopfs in der Breite der Haube auf die Brust herabgeht, d. h. je größer der Bart ist, desto werthvoller ist der Schwarzkopf. Es kommen öfter Exemplare mit rein weißer Muschelhaube vor, bei diesen ist aber der Bart klein und es finden sich gewöhnlich weiße Flecke am Kopfe, namentlich an den Ohren. Häufig trifft man jedoch diese Zeichnung bei den echten Mohrenköpfen viel korrekter an als bei dem Gemeinen Mohrenkopf, wie sie denn überhaupt bei ersterm durch den Gegensatz der tiefen Schwärze der Kopffarbe, des hellen, zarten Schnabels, der Perlfarbe der Augen und des scharfen Abschnitts der Zeichnung, durch die stark entwickelte Muschelhaube eine weit größre Wirkung hervorbringt.

Das Gefieder ist lose, die Flügel werden schlaff am Körper hängend getragen, dennoch fliegen diese Tauben gut, klatschen während der Parzeit gern mit den Flügeln und purzeln häufig sehr schön, ohne indessen dabei zu steigen, wie die Weißköpfe, vielmehr kugeln sie aus der Luft herunter. Sonst sind sie träge und nicht grade klug, so daß sie sich leicht fangen lassen.

Es gibt übrigens für die Liebhaber langschnäbeliger, kräftiger Flugtauben auch eine Varietät Schwarzköpfe mit schmalem Kopf, langem

Schnabel, schlanker Figur und glattfüßig, die jetzt häufiger sind, als die vorbeschriebenen, aber in Königsberg nicht so hoch geschätzt werden als jene. Sie werden Pikern'sche genannt. Die Schwarzköpfe sind eine der werthvollsten Tümmlerraffen und es wäre zu wünschen, daß sie eine weitre Verbreitung erhielten. Zur Zeit sind die feinen Schwarz= köpfe auf dem besten Wege auszusterben, da ihre Zucht immer mehr vernachläffigt wird und die wenigen wirklich guten Exemplare meistens zu hohen Preisen nach Rußland verkauft werden. Von echten Blau= kopftümmlern gibt es in ganz Oftpreußen keine 10 Pare mehr.

Obwol diese Taubenart von Alters her in Oftpreußen die Lieb= lingstaube gewesen ist (noch jetzt ist eine Abbildung derselben mit dem Namen des Händlers auf einem kleinen Schilde das Zeichen, daß man eine Taubenhandlung in dem Hause findet), und obwol nicht zu bezweifeln ist, daß sie eine constante Art darstellt, so tritt doch bei der Zucht von Schwarz= und Blauköpfen, ähnlich wie bei manchen Englischen Tümm= lern, häufig der Fall ein, daß die Nachzucht auf die Urahnen zurück= schlägt. Man züchtet dann nämlich statt der jungen Schwarzköpfe oder Blauköpfe ein schwarzes Junge mit einzelnen weißen Federn auf dem Rücken, in den Schwingen und am Bauche, und ein rein weißes Junge. Während das farbige Junge regelmäßig Perlaugen besitzt, hat das rein weiße ebenso regelmäßig dunkle Augen. Erstere werden in Königsberg Roosflügel genannt (wol aus Rußflügel verdorben), letztere weiße Faulaugen genannt. So ein Rußflügel und ein Weißes zusammengepart, züchten die schönsten Mohrenköpfe, wenn sie f. Z. selbst von reinen Alten gefallen sind. Leider aber wird letzte Bedingung gewöhnlich außer Acht gelassen und so sind die meisten farbenköpfigen Tauben, die heutzutage in Königsberg und anderen Städten Oftpreußens gehalten werden, bunt auf dem Rücken oder in den Flügeln und meist ganz werthlos. Daß man von guten Schwarzköpfen auch ebenso rein gezeichnete Junge erzielen kann, ist wiederholt erprobt und hat man die Ueberzeugung erlangt, daß der häufige Rückschlag in die ursprüng= liche Zeichnung nur eine Folge fehlerhafter und nachläffiger Zucht ist. Besonders günstige Ergebniffe zeigt die Parung von Schwarzköpfen mit Blauköpfen.

In Danzig gibt es eine Art Mohrenköpfe, die in Oftpreußen vornehmlich Danziger Schwarzköpfe genannt werden, sie haben aber einen langen schwarze Schnabel, sind häufig bunt und zeigen namentlich in den Schwingen einzelne farbige Federn, sodaß daraus geschloffen werden muß, daß sie die Nachzucht aus Kreuzungen von weißen Danziger Hochfliegern mit Nönnchen darstellen. Sie sind nicht zu empfehlen.

Eine in früheren Jahren besonders in Danzig beliebte Spezialität scheint ausgestorben zu sein. Es war dies eine Taube mit reiner

Schwarzkopfzeichnung (schwarzer Kopf ohne Bart, reine weiße Muschel=
haube und Schwanz), von kleiner Figur, mit glatten Füßen und
sehr kurzem, feinen weißen Schnabel (ohne die schwarze Schnabelspitze),
und die dabei brillant purzelte. Ebenso gab es noch vor kurzem in
Berlin Mohrenkopf=Tümmler, die kleiner von Gestalt waren und
kürzer befiederte Füße (Strümpfchen) hatten. Erwähnenswerth ist noch,
daß aus einer Kreuzung von Nönnchen mit Kalotte häufig Mohren=
köpfe entstehen, die indessen nicht übereinstimmend mit der beschriebnen
Art sind.

Gute Mohrenköpfe bezahlt man zur Zeit in Königsberg, Gum=
binnen u. s. w. mit 12 Mark und höheren Preisen.

IV. Gruppe.
Rauhfüßige, hochstirnige Mittelschnäbel.

Bis zu dieser Abtheilung konnte die aus sorgfältiger Beobachtung
sich ergebende Klassifikation der Tümmlerraffen ziemlich streng und
auch in allgemein verständlicher Weise innegehalten werden, da fast
alle einzelnen Vertreter der verschiedenen Gruppen unter den auf=
geführten Namen bekannt sind. Anders verhält es sich in der jetzt
zu besprechenden Abtheilung. In dieser herrscht noch die meiste Ver=
wirrung, weil grade hier die verschiedenen Zeichnungen und Färbungen
je nach den Orten benannt werden. Wol mögen auch in dieser Ab=
theilung die meisten Kreuzungen stattgefunden haben; deshalb ist es
schwierig, bei dem Gebrauch von Namen nicht Veranlassung zu falschen
Vorstellungen zu geben oder Misverständnisse nicht hervorzurufen.

Die Glieder dieser Abtheilung unterscheiden sich von den der
drei vorangegangenen hauptsächlich durch die Form des Kopfs. Der
Körper ist kleiner und gedrungner, Schwingen und Schwanz sind
kürzer, der Kopf ist nicht flach, sondern mehr abgerundet, welche Form
vorab durch die von der Schnabelwurzel hoch aufsteigende Stirn
hervorgebracht wird. Der Schnabel, von mittlerer Länge, ist gleich=
falls konisch, bildet aber mit der Stirn einen stärkern Winkel als bei
den Tauben der vorangegangenen Abtheilungen. Der maßgebende
Punkt aller hochstirnigen Purzler liegt in der Lage des Auges. Denkt
man sich nämlich eine Linie in der verlängerten Schnabelspalte nach
dem Hinterkopf gezogen, so liegt das Auge ganz oberhalb dieser Linie,
also ganz im Oberkopfe, während bei den flachstirnigen Purzlern diese
Linie das Auge in der Mitte durchschneidet.

Die Farbe der Augen und des Schnabels entspricht in dieser
Abtheilung viel häufiger den allgemeinen Regeln des Gefieders, d. h.
es kommen bei schwarzer und blauer Farbe des Kopfs häufiger dunkler

Schnabel, und bei weißer Farbe des Kopfs häufiger dunkle Augen vor, als dies bei den flachstirnigen Tümmlerarten der Fall ist.

Eine weitere allgemeine Eigenschaft der Tauben in dieser Abtheilung sind die kurz befiederten Füße, — Strümpfchen — nicht Latschen. Es befinden sich unter ihnen einfarbige Tauben in den fünf Grundfarben, häufiger sind jedoch Schecken. Ferner kommt die Weißschwingen= und Elsterzeichnung vor, letztere mit einem weißen Brustfleck. Die Verbreitungszone umfaßt das Elbegebiet, weshalb einzelne Zeichnungsformen den Namen von Städten dieser Gegend führen. Auch die sogenannten „Berliner Altstämmigen Tauben“ streifen an diese Abtheilung und häufig werden gewisse Zeichnungsformen derselben als „ächte (Holländer) Altstammtauben“ ausgegeben.

In diese Gruppe gehören:
1. der Berliner Elstertümmler,
2. der Mecklenburger Purzler,

1. Der Berliner Elster-Tümmler.

In der Provinz Brandenburg wird diese Taube als bunt mit dem Zusatze der Farbe bezeichnet, wie „blaubunt, silberbunt, schwarzbunt.“ Häufig ist diese Bezeichnung zutreffend, streng genommen soll die Taube jedoch nicht bunt, d. h. scheckig, sondern gezeichnet sein. Die Zeichnung ist die geelsterte mit einem kleinen unregelmäßigen weißen Fleck auf der Brust. Dieser weiße Brustfleck ist eine Hauptursache an der so häufigen Unregelmäßigkeit der Zeichnung. Er wird öfter viel zu groß, oder verschiebt sich von der richtigen Stelle, oder nimmt eine zu unregelmäßige Form an. Alle diese Fälle stehen in Beziehung zu den weiß sein sollenden Flügeln, an welchen, wie man weiß, nur die Federn der Schulterdecken und des Oberarms gefärbt sein dürfen, um die richtige Herzform der Elsterzeichnung zu bilden. Meist ist indessen entweder zu viel Farbe auf den Flügeln oder noch Weiß auf dem Rücken. Beides sind Zeichnungsfehler, auf welche indessen, da die Taube vorab wegen ihres Hoch= und Dauerfliegens gehalten, kein großes Gewicht gelegt wird.

Am häufigsten sind die Tauben von blauer, am beliebtesten die von silberfahler Grundfarbe. Diese Farben erscheinen so klar und rein, wie man sie eben nur bei den Tümmlern und einigen wenigen anderen Rassen antrifft. Das Silberfahl ist öfter wie angehaucht, so licht, daß es kaum von den weiß gezeichneten Theilen zu unterscheiden ist. Hauptbedingung ist, daß sie hochgeflügelt sind und keine Binden oder einen Ansatz zu solchen haben und einen einfarbigen, nach unten zu dunkel werdenden Schwanz. Ein sogenannter Spiegel= oder Fechtelschwanz ist ein großer Fehler, ebenso ein dunkles oder gebrochenes Auge. Mit andrer Grundfarbe kommt die Zeichnung seltner vor, noch seltner ist sie aber in diesem Falle rein, der Ausdruck bunt paßt dann um so mehr.

Außer den so gezeichneten Tauben finden sich auch einfarbige in den fünf Grundfarben, ebenso wie Schecken in den verschiedensten Zeichnungen.

Von den Einfarbigen sind die ganz Weißen, sobald sie reine Perlaugen haben, sehr geschätzt. Bei den Schecken kommt eine Färbungs= varietät unter dem Namen „Eulige" vor, die sehr beliebt ist. Die Färbung besteht aus der Zusammensetzung dreier Farben: schwarz= braune Grundfarbe, welche hie und da an den Schaften einzelner Federn roth unterlaufen ist, spärlich mit weißen, einzelnen Federn gemischt. Wir finden eine ähnliche Zeichnung auch bei andern Tümmler= arten, wie bei den in der 1. Abtheilung geschilderten Schornsteinfegern. Blauschecken werden hin und wieder wie z. B. in Hamburg „Eulen" genannt, wie denn überhaupt alle einfarbigen und geschecken Tauben der ganzen Gruppe ebenso oft als Berliner Altstämmer oder mit einem beliebigen Stadtnamen auftreten. In Bezug auf die Schecken= zeichnung ist noch zu bemerken, daß für sie die allgemeine Regel dieser Zeichnung gilt, nämlich in Schwingen und Schwanz dürfen sich keine weißen Federn befinden. Von den besonderen Berliner Tümmlern sind außer den oben erwähnten Euligen, noch solche in Blau und Silberfarbe, sowie Gelb= und Rothbänder (bindig) zu nennen. Er= wähnenswerth ist noch, daß die Berliner Tümmler vielfach krumm= (schwanen=) und zitterhalsig sind. Die Maße eines feinen Berliner Tümmlers sind folgende:

Von der Schnabelspitze bis zur Stirn . . .	14	mm
= = = = zum Mundwinkel .	17	=
= = = = zur Augenmitte .	27	=
= = = = zum Genick . . .	42	=
= = = = zum Schwanzende .	320	=
Klafterweite	640	=
Umfang	250	=

2. Der Mecklenburger Purzler.

Der Mecklenburger Purzler, welche Taubenart vor etwa 40 Jahren in ganz Mecklenburg die beliebteste war, ist in der Regel von kräftigem Körperbau, mit mehr oder minder hochstirnigem Kopf (obgleich in der Nachzucht häufig Exemplare mit schmaler, flacher Stirn und längerm Schnabel fallen) und mittellangem, konischen Schnabel Das schöne helle (Perl=) Auge soll von einer glänzenden, rothen Wachshaut be= kränzt sein, welche namentlich bei den Rothbraunen und Schwarzen häufig die Schnabelwurzel ebenfalls zart roth erscheinen läßt. Die Zeichnungsfarben müssen sehr kräftig sein und der Flügel soll mindestens fieben weiße Schwungfedern aufweisen, ebenso wird viel auf regelmäßigen Farbenabschnitt am Ober= und Unterkörper gesehen. Die Taube soll in der Flugt gut fliegen und dabei leicht und gewandt ein=, höchstens zweimal hintereinander nach oben zu purzeln, sobaß sie nicht aus dem Schwarme kommt, oder ihn dadurch stört. Das Fallen beim Purzeln, Schwanzreiten genannt, ist verpönt. Mitunter kommen Exemplare vor, bei denen das Purzeln krankhaft ausgebildet erscheint, indem sie faft bis zur Erde tümmeln, um es beim Weiterfliegen fortwährend zu wiederholen. Sie gehen auf diese Weise faft regelmäßig verloren. Die Ansprüche, welche man an den Tümmler, so nannte man früher den Mecklenburger Purzler, stellte, waren je nach der Gegend verschieden. In Roftock z. B. wurden früher diejenigen am höchften geschätzt, welche am häufigften hintereinander überschlugen, sobaß sie 20 bis 30 Fuß herunterpurzelten, was man rollen nennt. In Neubrandenburg und Neuftreliß durfte der Tümmler nur einmal umschlagen und dabei nicht im Fluge fallen. Durch diese Liebhaberei wurde nun namentlich in Neubrandenburg eine Flugtaube unter den Purzlern erzeugt, für welche die Liebhaberei in den 50er Jahren ihren Höhepunkt erreichte, dann aber wieder zurückging. Sie flogen in geschlossenen Trupps überaus anmuthig, hoch, 1 bis 2 Stunden und find, soviel uns bekannt, nirgends besser gezüchtet worden. Jetzt hat man in Mecklenburg nicht mehr solche Trupp=Flieger, dagegen gibt es dort noch überall diese Purzlerraffe, welche aber meist nicht zum Hochfliegen angelernt wird. Die Neubrandenburger Raffe ist meist weißspießig in allen Farben, dann hell einfarbig mit Binden, dabei glattköpfig, wird aber nur von wenigen Liebhabern gezüchtet.

V. Gruppe.
Glatt= oder rauhfüßige, hochftirnige Kurz= oder Dickschnäbel.

In der vorigen Abtheilung ist bereits angedeutet, daß diese wie die folgenden nicht ftreng und leicht zu begrenzen seien, indem die Begriffe, was unter den Benennungen der einzelnen Arten zu ver= ftehen sei, noch nicht hinlänglich genau feftgeftellt wären.

Es finden sich nun eine Anzahl Tauben, die mit der soeben beschriebnen Abtheilung eng verwandt find und nur einen allmäligen Uebergang derselben bilden. Sie ftehen ihnen sowol in Farbe, Zeich= nung, als auch in der Gesammterscheinung beinahe gleich, find jedoch häufig etwas kleiner und haben einen kürzern dickern Schnabel. Es find dies Tauben, die häufig mit dem Namen „Altftämmer" bezeichnet werden und deren Kopfbildung vollftändig derjenigen eines guten Mövchens entspricht. Die Stirn ist zwar hoch, bildet jedoch mit dem

Schnabel keinen Winkel, sondern wie beim Mövchen eine ununter=
brochne Bogenlinie. Der Schnabel ist um 2 mm, demzufolge der
ganze Kopf um ebenso viel kürzer als bei den Berlinern. Trotz alledem
sind diese Tauben nicht mit dem ächten Altstammtümmler zu ver=
wechseln, da sie nur Kreuzungserzeugnisse sind; sie sind unter dem
Namen „Berliner Altstämmer" bekannt.

Die hauptsächlichsten Repräsentanten dieser Gruppe sind:

1. der Altstammtümmler,
a. Weiße Reinaugen,
2. Wiener Tümmler,
3. Wiener Ganseln.

1. Der ächte Altstamm-Tümmler (Col. brevirostris s. albifrons.)

Diese edle, schöne Taube gehört ohne Zweifel zu den ältesten
Tümmlerschlägen in Deutschland, denn schon J. L. Frisch in seiner
Beschreibung vom Jahre 1743 erwähnt ihrer (S. 199) und die dazu
gelieferte Abbildung (Taf. 148) berechtigt unbedingt zu dieser Annahme.
Auch die Engländer kennen sie schon früher als den Almond=Tümmler
unter dem Namen Old-fashioned tumbler, ein Beweis dafür, daß
der Altstamm=Tümmler, nicht aber, wie von ihnen irrthümlich be=
hauptet wird, der Almond (ein neueres Ergebniß Englischer Züchtungs=
kunst) die Stammform aller kurzschnäbeligen, hochstirnigen Tümmler
ist. Willughby (1676) scheint ihn unter dem Namen „narrow
tailed Snaker" ebenfalls schon zu kennen.

Einige hervorragende Deutsche Kenner sind der Ansicht, daß die
Altstamm=Tümmler Kreuzungserzeugnisse seien, die ihnen als da=
gewesene und wieder zu erreichende Ideale vorschweben.

Der Altstamm=Tümmler ist ursprünglich aus Holland zu uns
gekommen, daher auch seine frühere Benennung „Holländer Tümmler",
und am Ende des vorigen Jahrhunderts kam er am vollendetsten in
Gestalt und Zeichnung in der Provinz Preußen vor, dem Eldorado
der feinen Rassetauben, von wo aus er durch Postkondukteure —
Eisenbahnen gab es in jener Zeit noch nicht — nach Berlin zu hohen
Preisen, bis zu 30 Thalern für das Par, gebracht, dort vielfach
gekreuzt und von den Liebhabern mit dem Namen „Berliner Alt=
stämmer" belegt wurde, welch' sprachlich falsche Benennung sich bis
auf den heutigen Tag erhalten hat. Die schönsten Exemplare in
Deutschland befanden sich s. Z. zu Königsberg i. Pr., Memel und Tilsit
in den Händen sachverständiger Züchter, die seltene Rassetauben (wir
erinnern an die jetzt ausgestorbenen Weißköpfe, mit Mövchen=Jabot und
Kehlwamme, schöner wie die Englischen baldheads) zu schätzen wußten
und zu ihrer Veredelung weder Geld, Zeit noch Mühe scheuten, da
jeder einzelne durch den andern angespornt wurde und ihn in seinen

Leistungen überholen, mindestens nicht hinter ihm zurückbleiben
wollte. Die Bedingungen, welche zu einer erfolgreichen Zucht der
Altstamm=Tümmler erforderlich sind, waren also in jener Provinz vor=
handen, bestehend in einheitlicher, unveränderter Zuchtrichtung, großer
Masse und guter Beschaffenheit der Zuchtthiere und gründlicher Kennt=
niß desselben, sowie endlich in großer Uebereinstimmung hinsichtlich
der Rasseeigenthümlichkeiten dieser wahrhaft eblen Taube. Bei sorg=
fältigster Beachtung aller dieser Punkte verbreitete sich der Ruf der
Altstamm=Tümmler sehr weit und dies gab die Veranlassung dazu,
daß die schönsten Exemplare zu hohen Preisen, namentlich nach Ruß=
land, ausgeführt wurden und den Deutschen Liebhabern für immer
verloren gingen.

Am häufigsten fand man diese Tauben in den obengenannten
Städten einfarbig, roth (früher als kaffeebraun bezeichnet), schwarz,
gelb und am schönsten in Tigerzeichnung, weiß sehr selten. Später
tauchten Schecken in rother, schwarzer, gelber und auch in blauer
Farbe auf, in welch' letzter Zeichnung sie jedoch in der Kopfbildung
nie so schön waren wie die Schecken anderer Farben. Selbst in ihrer
schönsten Form erfüllten diese meist nicht die Bedingungen des ächten
Altstamm=Tümmlers, denn in ihrem Naturell waren sie wesentlich von
ihm verschieden. Während der Altstamm=Tümmler eifersüchtig und
neidisch gegen seine Mitbewohner ist, war der Blauscheck zwar herrsch=
süchtig, dabei aber, seiner Kraft sich wol bewußt, stolz und edel,
welche Eigenschaften in der Regel auch von den übrigen Schlag=
bewohnern gewürdigt wurden. Die Altstamm=Schecke hat folgende
Zeichnung. Beide Flügel sind ganz weiß, und werden nur von den
farbigen Schulterfedern überdeckt, so daß auf dem Rücken die Form
eines Herzens entsteht. Die Umrisse dieser Zeichnung müssen scharf
begrenzt sein, die Farbe darf in das Weiß nicht übergreifen, noch
umgekehrt. Ferner ist der Bauch gleichfalls weiß und auch hier muß
die Farbe, sowol von dem Schwanze als von der Brust, mit einer
scharfen Linie an dem Weiß abschneiden. Auf der Mitte der farbigen
Brust befindet sich ein mehr oder weniger großer weißer Fleck in der
Form eines Herzens. Je regelmäßiger, um so werthvoller. Da die
Nachzucht dieser Schecke häufig sehr unregelmäßig gezeichnet erschien,
meist auch in Weiß oder Weißspießzeichnung überging, so waren die
Thiere, ganz entgegen dem heutigem Geschmack, nicht sehr begehrt;
die besten und beliebtesten, daher auch stets die theuersten, waren und
blieben lange Zeit die Getigerten in den hellen Farbenschattirungen.

Der Altstamm=Tümmler zeichnet sich anderen kurzschnäbeligen
Tümmlern gegenüber besonders durch Gestalt und Haltung aus.
Seine ganze Erscheinung ist klein, kurz, zierlich, mit stark gewölbter
Brust, auf welcher sich eine Spalte zeigt, die sie in zwei gleiche

Hälften theilt und die Wirkung der Wölbung erhöht. Der glatte Kopf ist kugelrund, die Stirn bildet eine Bogenlinie mit dem meist nicht festgeschlossenen, winzig kleinen Schnabel, welcher ganz kurz und so dick als lang ist, ähnlich dem eines Dompfaff (Pyrrhula vulgaris); unterhalb desselben läuft von der Spitze des Unterkiefers eine, auch den Mövchen eigene, kleine Kehlwamme nach dem Halse zu, wodurch der Kopf das Aussehen gewinnt, als sei er ohne Schnabel — der technische Ausdruck bei den Liebhabern lautet: die Taube hat ein Maul — und man legt sich unwillkürlich die Frage vor, wovon sich die Thiere wol ernähren, da sie eine Erbse aufzupicken anscheinend kaum im Stande sind. Der dünne Hals ist krumm gebogen und im Affekt ist er in beständigem Vibriren, welch' zitternde Bewegung der Halsmuskeln jedoch viel stärker zu Tage tritt, wie z. B. bei der Pfautaube. Dieses Zittern war dem ursprünglichen Stamm nicht eigen, sondern ist erst später durch Kreuzung mit Berliner Elstern hineingebracht, wodurch auch der häufig dünne Schnabel und die Stirnwinkel entstanden sind.

Mit dem Kopf und der stark gewölbten Brust bildet dieser so eigenthümlich geformte Hals ein verkehrtes lateinisches S, und diese Hals- und Kopfstellung gibt der Taube die so unvergleichlich koquette, stolze und doch so jungferliche Haltung. Die Wölbung der Brust ragt der Schnabelspitze 3 bis 5 cm voraus, die Flügel werden am Leibe eng anschließend getragen, sind kurz und reichen mit der Spitze oberhalb des Schwanzes nicht ganz zusammen. Die Größenverhältnisse sind folgende:

Von der Schnabelspitze bis zur Nasenwarze	. . .				4 mm
= = = = zum Mundwinkel	. . .				13 =
= = = = = Augenring	. . .				16 =
= = = = = äußern Augenwinkel					30 =
= = = = = Schwanzende	. . .				320 =
= = = = = Scheitel	. . . .				40 =
Vom Flügelbug zu Flügelbug					95 =
= = bis zum Schwanzende	. . . . .				235 =
Von der Brustwölbung bis zur Spitze der mittleren Schwanzfeder	. . . .				20 =
Der Körperumfang über die Flügel gemessen	. .				270—280 =
Klafterweite	. . . .				620 =

Das schöne, große, helle (Perl=) Auge ist gewöhnlich mit einem kleinen, rothen, unbefiederten, fleischigen Rande umgeben. Unterhalb der Augen befinden sich die sogenannten Pausbacken, welche nie fehlen dürfen und dem Kopfe die dicke, runde Form verleihen; sie werden dem Auge jedoch erst nach der ersten Mauser und namentlich, nachdem das Thier die ersten Jungen erbrütet, sichtbar; die Füße sind

kurz und schwach befiedert. Der ächte Altstamm=Tümmler ist glatt=
köpfig und kommt gehaubt seltner in vollendeter Schönheit vor.

Die sogenannten Berliner Altstämmer sind meist größer
und von stärkerm Körperbau; hauptsächlich kennzeichnen sie sich durch
die Länge der Flügel und namentlich des Schwanzes, wodurch die
schöne Haltung sehr beeinträchtigt wird; auch die Nasenhaut tritt auf
dem mehr eckigen Kopfe zu stark hervor, was auf Kreuzung mit
Berbern (Indianern) schließen läßt, wodurch denn auch die etwas
plumpe Gestalt in diesen Schlag gekommen ist. Auch purzeln die
Berliner Altstämmer weniger wie die echte Rasse. Die wirklich reine
Rasse des ächten Altstamm=Tümmlers wird heute in Berlin nur noch
selten angetroffen, kommen aber vereinzelt Exemplare bei irgend einem
Händler vor, so sind es meist verkrüppelte oder kranke Thiere, denen
stets das glänzende, glatte Gefieder fehlt, und die in den meisten
Fällen zur Nachzucht untauglich sind. In einzelnen Provinzialstädten,
woselbst sie frei ausfliegen — jung eingejagt sind sie vorzügliche
Flieger und unübertreffliche Purzler — findet man die Thiere in der
alten, reinen Rasse, sie sind aber dann auch meist unverkäuflich; in
die Hände der Händler gehen nur alte, meist nicht mehr zuchtfähige
Exemplare, die dann leider zu hohen Preisen weiter verkauft werden.
Natürlich ist da von Nachzucht keine Rede und daher kommt die Annahme,
daß diese Rasse entartet sei und dem Aussterben entgegengehe. Aller=
dings ist in Berlin der alte, schöne Stamm durch unverständige
Züchtung fast ganz ausgestorben; was als Altstamm=Tümmler dort
alles ausgegeben wird, ist fast kaum zu glauben. Da gibt es Thiere
mit und ohne Federfüße, mit und ohne rothe Augen, zitterhalsig und
nicht zitterhalsig, mit stumpfem, indianerartigem und mit länglichem
Kopf, abgesehen von allen nur möglichen Farben und Zeichnungen.
Außer seiner Größe hat der Berliner Altstämmer noch folgende Fehler:
einen dünneren Schnabel, der mit der Stirn einen Winkel bildet, platten
Kopf und glatte, also keine Pausbacken, auch ist er meist höher gestellt
und die Füße sind zu stark befiedert.

Als Orte, wo der Altstamm=Tümmler noch in reiner Rasse und
in größerer Anzahl vorkommt, sind zu nennen: Stettin, Thorn, Brom=
berg, Landsberg, Spandau, Bärwalde u. a. Die Preise für ein fehler=
loses Par schwanken zwischen 50 bis 150 Mark, ja es sind Fälle
bekannt, daß man für ein Par glattköpfige Gelbschecken 200 Mark
vergeblich geboten hat.

Eine Subvarietät des Altstamm=Tümmlers sind die sogenannten

Weiße Reinaugen.

Ueber diese Tümmler=Varietät schreibt Herr Buchmann=Krebs
in der „Allgemeinen Geflügelzeitung": „Welche weiße echtäugige

Tümmler heißt man nicht Reinaugen! Nehmen wir den Annoncen=
theil einer Geflügelzeitung oder wenden wir uns an einen Tauben=
händler in Königsberg i. Pr., so werden wir finden, daß man uns
tabellose Reinaugen per Par von 3 Mark an bis zu den höchsten
Preisen offerirt. Tabellos sind diese Tauben insofern auch wirklich
alle, als es eben immer weiße Tümmler mit hellen (Perl=) Augen sind.

Wollten wir nun unter diesen weißen Tümmlern das Sortiren
anfangen, so müßte man uns hierzu erst den Faden der Ariadne in
die Hand geben.

Abgesehen von der Verschiedenheit der Größenverhältnisse, könnte
man hier allerlei Schnabelformen — Dick= und Dünnschnäbel, Kegel=
und Pfriemenschnäbel — herausfinden. Wollten wir uns aber an
die verschiedenen Bezeichnungen und Ortsnamen, welche gebraucht
werden, als „Königsberger“, „Elbinger“, „Stettiner“, „Lübecker“
u. s. w. halten, so würden wir uns doch nicht zurechtfinden, weil wir
uns genugsam überzeugt haben, daß die Tauben ganz beliebig und
willkürlich getauft werden, und daß es nichts Leichteres gibt, als
z. B. Lübecker Tümmler zu erwerben, wie ihresgleichen in Lübeck noch
nie gezüchtet worden sind.

Unter Anderem lernten wir als „Elbinger Reinaugen“ Tauben
von der Figur des Weißkopftümmlers kennen, und soll es in Elbing
sowol kappige, als glattköpfige, weiße, grabschnäbelige Tümmler von
außerordentlich feiner Qualität geben.

Gewöhnlich wird die Bezeichnung „Reinaugen“ nur für Königs=
berger Tümmler angewendet, allein auch unter diesen treffen wir
mancherlei Variationen. Wir sehen da Thiere von der Figur und
mit dem Schnabel des gewöhnlichen einfarbigen Königsberger Tümm=
lers mit manchmal sogar handbreiten Latschen und mit sehr breiter
Muschelhaube. Diese Tauben sind nicht theuer und gehören vielleicht
zur Alltagskost; dennoch erlaubt unser Geschmack, sie für sehr schön
zu finden, und in unserer unmaßgeblichen Meinung halten wir die=
selben sogar für prämiirungsfähig. — Dort haben wir wieder allerlei
glatt= und rauhbeinige Geschöpfe, über deren Werth eigentlich nur die
Schnabelform entscheidet.

Diese Letzteren endlich weisen uns auf jene Varietät hin, welche
man in den besser eingeweihten Kreisen „Reinaugen“ nennt, und welche
vielleicht auch alle aus der Zeit der Mache der eigentlichen Reinaugen
herstammen. Warum man der betreffenden Taube den Namen „Rein=
auge“ gegeben hat, bedarf gewiß keiner Definition. Besser bezeichnend
wäre vielleicht: „Königsberger Altstamm“. Mit dem wirklichen Alt=
stamm hat unser Reinauge sehr viele Aehnlichkeit und ist damit viel=
leicht nahe verwandt. Der Berliner Altstamm ist in Weiß nahezu
garnicht reinäugig aufzutreiben, und mag er auch kleiner und dick=

köpfiger sein, so verdient doch der Königsberger der Eigenschaft halber, die schon sein Name andeutet, den Vorzug.

Trotz dieses Vorzuges wetteifert Letzterer in seiner Art mit den feinsten Tümmlern — dem Almond nicht ausgenommen — und die Existenz derartiger Tümmler-Varietäten läßt es uns unbegreiflich finden, warum man dem Liebhaber zumuthet, unsere Deutschen und Oesterreichischen Gattungen zu verleugnen, um Almond-Kultus zu treiben.

Die Reinaugen sind keine Alltagskost, sie sind hoffähig, wenn sie fein gezüchtet sind, was man ja immer auch bei anderen Rassen voraussetzt. Leider aber sind sie auch insoferne keine Alltagskost, als bereits von verschiedenen Seiten befürchtet wird, daß diese edle Tümmler-Varietät auf dem Aussterbe-Etat stehe.

Wir sind zwar überzeugt, daß das Beste, was von Reinaugen existirt, sich noch immer im Besitze weniger verständiger Züchter in den nordöstlichen Provinzen Preußens befindet, und daß nicht grade Alles, was von dort ausgeführt worden ist, verkommen oder in die unrichtigen Hände gelangt sei. Immerhin aber möchten wir Liebhaber feinrassiger Tümmler auf jene schöne Gattung aufmerksam machen und sie auffordern, sich der Reinaugen anzunehmen, denn es könnte nicht verantwortet werden, wenn wir diese Rasse aussterben ließen.

Die Zucht des schönen, edlen, reinäugigen Tümmlers, der übrigens jedem Taubenschlage alle Ehre macht, bietet viel Vergnügen und auch Schwierigkeiten genug, um demjenigen unsere volle Achtung zu erwerben, der es versteht, von weißen Tümmlern wieder feine weiße Tümmler zu züchten.

Man hat es durchaus nicht nöthig, der einfachen weißen Taube irgend ein bestimmtes farbiges Abzeichen aufzuzüchten; es wäre da schade um das Zuchtmaterial, auch würden solche Bemühungen sicherlich nicht anerkannt. Uebrigens darf man auch das vollkommenste Par isoliren, und das Weitere findet sich doch nicht von selbst.

Der Züchter hat die Natur bemeistert, er hat aus einem dunklen Auge ein konstant perlfarbiges (helles) gemacht, und dies kann die Natur doch nicht so ungestraft vorübergehen lassen. — Hat der Züchter es auch verstanden, das „echte" Auge konstant zu machen, so kann er doch nicht verhüten, daß der Rückschlag zu jenem Zuchtmaterial immer und immer wiederkehrt, welches er zur Lösung jener Aufgabe seiner Zeit nothwendig gebraucht hat.

Daß bei Erzeugung der Reinaugen die Altstamm-Taube eine bedeutende, vielleicht die Hauptrolle gespielt haben mag, haben wir bereits schon ziemlich bestimmt ausgesprochen; unseren Vermuthungen über das etwaige weitere, damals zur Verwendung gekommene Material

6*

hier Raum zu geben, halten wir aber für höchst überflüssig, da sich der Leser eben so gut in Vermuthungen ergehen kann, als wir selbst, wenn wir hervorheben, was Alles unter ganz normalen Verhältnissen von einem reinweißen Zuchtpare nachgezüchtet werden kann. Bevor wir jedoch zu diesem Punkt zurückkommen, wollen wir es, so gut als es uns möglich ist, versuchen, die Taube zu beschreiben, von der wir nun schon so lange gesprochen, ohne sie eigentlich vorgestellt zu haben.

Den Kopf eines Reinaugentäubers möchten wir mit demjenigen einer Altstammtäubin vergleichen, d. h. derselbe ist oben breit, ziemlich rund und dick. Der stumpfe, kurze Schnabel, welcher stets rein weiß sein soll, ist mehr Eulen= als Kegelschnabel; die Nasenwarzen sind stark ausgebildet. Das reine Perlauge, welches, abgesehen von den darin befindlichen Blutgefäßchen, so weißlich ist, wie das Gefieder, ist mit einem ca. 3 mm breiten, lebhaft roth gefärbten Hautringe um= geben, der vollständig mit demjenigen einer einjährigen Indianertaube verglichen werden darf. Der Hals ist lang, auffallend dick, schwanen= artig gebogen und im Affekte mehr oder weniger zitternd — ebenfalls ein Erbstück vom Altstamm. Die breite Brust und der große Brust= umfang entsprechen den an feinrassige Tümmler zu stellenden An= forderungen. Der ganze Körperbau ist stämmig, gedrungen. Beine und Füße werden von Federn bedeckt; doch sollen die Federn an den Zehen nicht länger sein, als die Letzteren selbst.

Die Messungen, welche wir an drei Täubern vorgenommen, haben immer so ziemlich dasselbe Resultat ergeben:

Von der Schnabelspitze bis zur Nasenwarze	.	.	.	4—4½	mm
=	=	=	= zu den Federn	. . .	8—9	=
=	=	=	= zum Mundwinkel	. .	13	=
=	=	=	= = Augenring		16	=
=	=	=	= = äußern Augenwinkel		30	=
=	=	=	= = Scheitel	. . . .	42	=
=	Flügelbug zu Flügelbug	. . . . . .	90—100	=
Vom Flügelbug bis zum Schwanzende	. . . .	250	=
Der Körperumfang über die Flügel gemessen	. .	260—275	=

Der größte senkrechte Durchmesser des Auges inclusive der Liber beträgt 12 mm; der Augenring ist, wie bereits angedeutet, circa 3 mm breit.

Für die Täubinnen werden so ziemlich dieselben Maßzahlen entsprechend sein. Sie sind im Allgemeinen etwas kleiner, schmäler und dünnhalsiger, stehen aber in Bezug auf Schnabellänge, respektive Schnabelkürze den Täubern in der Regel kaum nach, wenn sich auch der Kopf gegen den Schnabel zu allerdings etwas mehr abzuflachen scheint.

Die am häufigsten vorkommenden Fehler des Königsberger rein=

raffigen Reinaugen=Tümmlers sind, wenn wir Anzeichen von Grob=
raffigkeit, wie langer Kopf und langer Schnabel, nicht zu den Merk=
malen rechnen, welche wir in unser Urtheil ziehen wollen, fast
ausschließlich nur farbige Federn und ein dunkel gefleckter Schnabel,
denn das Perlauge wird, unserer bisherigen Beobachtung und Ueber=
zeugung nach, nur höchst selten misrathen.

Was die Eigenschaft des Purzelns anbetrifft, so sind darin die
Reinaugen nichts weniger als Meister; sie scheinen es nicht weiter
als bis zum „Flügelstürzen" und „Schwanzreiten" bringen zu können,
und es ist sehr wahrscheinlich, daß die Raffe überhaupt nicht purzelt,
oder daß diese Eigenschaft dadurch, daß man sie ganz vernachläffigte,
oder auch dadurch, daß man seiner Zeit einen Tropfen fremdes Blut
eingezüchtet hat, verloren gegangen ist.

Dagegen sind die Königsberger Reinaugen, wie fast alle Tümmler=
arten, gute, fleißige und verläffige Brüter, und selbst die feinraffigsten
Tauben bedürfen zum Aufziehen ihrer Jungen keiner Amme, doch
muß sich der Züchter gefallen lassen, daß die Kinder ihren Eltern
wenig Ehre machen, und daß in der Regel erst unter den Enkeln
ausstellungs= beziehungsweise prämiirungsfähige Thiere ausgesucht
werden können. Als Letztere betrachten wir nicht nur Tauben mit
tabellos weißem Gefieder — der Hals ist immer leicht metallglänzend
— sondern auch solche, bei denen sich auf dem Kopfe oder auch an
einer andern Körperstelle ein, wol auch ein par farbige kleinere Federn
zeigen, die ja eben so gut unbemerkbar entfernt worden sein könnten,
und die übrigens in späteren Jahren fast immer von selbst in's Weiße
übergehen.

Von in tabellosem Federnkleide prangenden Reinaugen werden
zunächst rothe, gelbe, seltener wohl auch schwarze Tauben gezüchtet, die
aber, wenn wir auch annehmen, daß der Schnabel sich nicht über das
Niveau des erlaubten Kalibers verlängert, doch ausschließlich nur zur
Reproduktion weißer (oder getigerter) Nachkommen Werth haben, da
ihre Grundfarben gewöhnlich nichts weniger als intensiv zu nennen
sind. Die erwünschtere Nachzucht sind Tiger, welche sowol in der
ersten als in der zweiten Generation erscheinen und welche meist von
Kopf und Schnabel am besten und von Figur am kleinsten sind.

Fahlfarbige Tiger mit Reinschnabel repräsentiren denselben Werth
wie die weißen Tümmler, da solche fast regelmäßig mit der Mauser
ihr misfälliges Gewand ablegen, um im Kleide der Unschuld zu er=
scheinen. Dunkelgrundige werden nicht selten wol auch noch weiß,
legen aber bei der Verwandlung den „häßlichen" Schnabel, welchen
sie fast immer besitzen, leider nicht mit ab und sollten daher, wo sonst
noch genügend Material zur Verfügung steht, nicht mehr zur Weiter=
zucht benützt werden. Bei der Prämiirung vermag sich selbst der

feinraffigfte Reinaugen=Tümmler mit dunkel angehauchtem Schnabel
nicht die volle Anerkennung zu verschaffen, und unsere Preisrichter
ziehen ihm gewöhnlich jene reinschnäbelige Taube vor, die ihm in den
übrigen Raffe=Attributen auch merklich nachsteht. Wer „Reinaugen"
züchtet und seine Zucht anerkannt sehen will, muß daher auch „Rein=
schnäbel" züchten."

Soweit Herr Buchmann=Krebs.

Nach den Erfahrungen des Herrn Prütz und den Erinnerungen
des Herrn Brebow=Stettin, der diese Tümmler=Varietät lange Jahre
in ihrer ursprünglichen Raffenreinheit züchtet, stammen die weißen
Reinaugen keineswegs vom Berliner Altstamm, sondern von einer vor
30 bis 40 Jahren in Norddeutschland und Rußland vorhandenen
hellen Tigerraffe, die gewöhnlich schwarz oder roth gefleckt war, jedoch
ohne farbige Schwingen und Schwanz. Diese Tiger=Tümmler hatten
große rothe Augenlider und helle Iris, schwach befiederte Füße und
waren von Figur nur klein', vom Flügelbug bis zum Schwanzende
circa 200 bis 230 mm, lang= aber nicht zitterhalfig und dabei gute
Purzler. Diese gefleckten Tauben züchteten häufig rein weiße Junge
mit reinen (hellen) Augen, hin und wieder fanden sich jedoch einzelne
farbige Federn am Halse und an der Brust. Diese Nachzucht stand
zu jener Zeit schon hoch im Preise und wurde meist nach Rußland
verkauft. Neben den getigerten Weißen existirten in Litthauen und
Elbing Blauweißköpfe von ganz kleiner Figur in zwei Subvarietäten,
die einen mit spitzem, dünnen Schnabel, ähnlich dem Almond, die
andern mit ganz kurzem, dicken, keilförmigen Schnabel. Der ganze
Habitus war noch kleiner, wie der der Tiger. Die letzteren Weiß=
köpfe züchteten zuweilen rein weiße Junge mit hellen (Perl=) Augen
aber ohne rothe Augenlider und selbstverständlich glatten Füßen.
Diese, von den Blauweißköpfen gefallenen weißen Jungen wurden
hauptsächlich zur Auffrischung des Blutes und zur Kreuzung mit den
Tigern, resp. den bereits vorhandenen Reinaugen benutzt und diese
Kreuzung lieferte das schönste Material in rein weißer Farbe, nur
die großen rothen Augenlider verkleinerten sich, die Thiere behielten
aber immer das rothe feurige Auge. Heute sind selbst in Königsberg
diese hochfeinen Thiere selten; was hauptsächlich dort und anderswo
unter dem Namen „Königsberger Reinauge" vorhanden, ist meist ein
ganz anderer Vogel. Diese Thiere sind größer, plump, lang, hoch=
beinig und rauhfüßig, haben einen längeren, dünnen Kopf und dünneren
Schnabel. Die Kreuzung der echten weißen Reinaugen resp. Tiger
mit diesen Königsberger Weißen hat aber die beffere Varietät bis auf
vereinzelte Pare aussterben laffen. Durch die Verparung mit dem
Berliner Altstamm=Tümmler erzielte man zwar zitterhalfige Weiße,
aber man opferte dafür das feurig rothe Auge und erhielt obenein

ben angelaufenen Schnabel, ja sogar mit schwarzer Spitze, häufig finden sich dann noch in der Nachzucht farbige, ganz schwarze oder rothe Tauben.

Eine andere zu dieser Abtheilung zählende und sich scharf ab= zeichnende Tümmlerrasse ist in Deutsch=Oesterreich, namentlich in Wien, heimisch und unter dem Namen

2. Wiener Tümmler

bekannt. Sie ist in Kopf= und Körperbau ziemlich so, wie der ächte Altstamm=Tümmler sein soll; hat jedoch keine befiederten Füße und ist nicht zitterhalsig. Die Taube ist demnach kurz, gedrungen, mit breiter Brust, schlankem Hals und markirtem, eckigem Kopf, kurzem und dabei dickem Schnabel, der mit der Stirn einen Winkel bildet. Der Körper ist von mittlerer Größe, das Auge meist hell (perlfarbig), die Augenlider sind mitunter roth, die Färbung voll und intensiv. In der Zeichnung ist dieser Schlag wieder reich zu nennen. Es kommen sowol einfarbige Tauben, hauptsächlich in den Grundfarben Schwarz, Roth und Gelb, als auch Weißgespießte — Weißschwingen — in den= selben Farben vor. Letztere zeigen jedoch weniger weiße Federn an den Schwingen als andre Rassen, man begnügt sich in der Regel mit sechs bis sieben weißen Federn. Ferner findet man die Taube in Scheckenzeichnung, die sich mitunter zu vollkommen weißem Schilde steigert. Diese Zeichnung ist außerordentlich schwierig zu erhalten und kommt rein sehr selten vor. Sie hält überhaupt meist nur kurze Zeit an, indem in der Jugend das weiße Schild noch mit farbigen Federn untermischt ist, im Alter aber leicht weiße Federn in den gefärbt sein sollenden Theilen, wie Brust und Schwingen, auftreten. Um so herr= licher ist dagegen die Erscheinung eines reinen weiß gedachelten (gedeckelten) Wiener Tümmlers von rother oder schwarzer Grundfarbe.

Außer den Schecken, bei welchen eine der Grundfarben mit Weiß durchschossen ist, gibt es auch Schecken von mehreren Farben, wie die Dänischen Stipper oder Stänker und den Almonds ähnlich. Die Grund= farbe ist ein schmutziges Grauweiß, welches theils mit kleinen gelben, weißen und schwarzen Federn durchwirkt ist, die größeren Federn sind schwarz gespitzt.

Ferner ist dieselbe Taube in geganselter Zeichnung ziemlich bekannt als

3. Wiener Gansel.

Die Zeichnung derselben ist bereits als „Ungarischer oder Pol= nischer Gansel=Tümmler" beschrieben. Sie unterscheidet sich bei beiden Tauben nur wenig. Bei dem Wiener Gansel, der immer glattköpfig ist, geht der Schnitt des weißen Kopfs sowol hinten als vorn tiefer herunter und ist vorn häufiger unregelmäßig als bei dem Ungarischen.

Die Farbe der Augen nebst der Einfassung ist bei beiden gleich. (In jüngster Zeit sind Ungarische Gamseln auch mit hellen [Perl=] Augen aufgetaucht). Dagegen besteht ein Unterschied zwischen beiden bezl. ihrer Flugart. Während die Polnischen gute Purzler (Umschläger) sind, werden die Wiener, wie die ganze Rasse, der sie angehören, als Flugtauben — hohe Truppflieger — gehalten und eingeübt. Nach dem Ausspruch einiger Liebhaber sollen Letztere indessen nie Großes darin geleistet haben, während andere sie wiederum als vortreffliche Flieger rühmen. Es scheint indessen nach der von uns gemachten Beobachtung die erste Behauptung die richtigere zu sein, da die Taube gegenwärtig in Wien von einer andern, besser fliegenden Art ziemlich verdrängt ist und nur noch wenig angetroffen wird. Die ursprüng= lichen, kleinen, eleganten, würfelköpfigen, kurz=, dick= und weißschnäbligen, korrekt gezeichneten Gamseln mit richtigen flachen Augenrändern, in allen Grund= und Zwischenfarben (blau, gelb, schwarz, roth, silber= und leberfarbig) von den alten Liebhabern „vom Kopf und Schnabel" genannt, sind heute völlig ausgestorben. Vor 30 bis 40 Jahren waren sie so häufig, daß man ganze Flüge davon, wie heute die „Gestorchten" jagte, und die dann in Scharen von 40 bis 50 Stück den Wolken zusteuerten, heute sind sie aber schon so rar geworden, daß für ein gutes Par Preise gefordert werden, wie für die besten Rassetauben. Selbst diejenigen, die man noch auf Ausstellungen findet, sind meist so matte oder ungesunde Thiere, daß man nicht ohne Ur= sache das gänzliche Aussterben dieser Gattung befürchten müßte, wenn sich nicht in neuster Zeit wieder einige Liebhaber mit ihrer Züch= tung beschäftigen würden.

VI. Gruppe.
Glattfüßige, hochstirnige Kurz= und Dünnschnäbel.

Wir haben es in dieser Abtheilung mit einer weitverzweigten, viele einzelne Vertreter zählenden Familie zu thun, die, wenn auch zum Theil örtlich weit von einander getrennt wohnend, wegen der ihnen gemeinsamen Merkmale und Eigenheiten sich als die Angehörigen eines und desselben Stamms erweisen.

Die gemeinsamen Eigenschaften, die sich bei jedem einzelnen Schlage dieser Abtheilung wiederfinden, bestehen in kleinem, zierlichem Körperbau, der sie als zu den kleinsten der ganzen Haustauben= Familie gehörend zeigt, mit dünnem, kurzem, konischem Schnabel, hochgewölbter, überbauter Stirn, hochgewölbter Brust mit rückwärts gebognem, vielmehr getragnem Halse, niedrigem, dabei aber koquettem Stande auf ziemlich kurzen Beinen mit stets nackten Füßen und locker getragenen, mitunter den Boden berührenden Flügeln. Die Perlfarbe des Augs hat auch diese Abtheilung mit der ganzen Tümmler=Familie übereinstimmend.

Als ausgeprägtester Typus der Abtheilung ist der Englische Mandeltümmler zu betrachten. Dieses ist übrigens nur eine Färbungs= spielart der Englischen Rasse, welche außer ihm noch andere Färbungs= und Zeichnungsvarietäten aufweist, die Charles Darwin unter der Bezeichnung „kurzstirnige Purzler" zusammenfaßt. Zu dieser Rasse gehören sowol einfarbige Tauben, welche hauptsächlich in gelblichen, rostbraunen und schwarzbraunen Tönen, selten in weiß und blau, erscheinen, als auch verschiedene Grade von Schecken; ferner weißköpfige und weißbärtige. Auch in Deutschland finden sich einzelne Vertreter der Abtheilung, so in Ostpreußen, wo die Weißkopfzeichnung als „Elbinger Weißkopf" angetroffen wird; ferner Grade der Schecken= zeichnung, die mit „gestorcht" bezeichnet werden, in Oesterreich und Ungarn.

Die Repräsentanten dieser Rasse sind:
1. Der Almondtümmler.
   a. Die eigentlichen Schecken (Mottles).
2. Der Englische Barttümmler (Beard).
3. Der Englische Weißkopftümmler (Baldhead).
4. Die Preußischen Weißkopftümmler.
4. Wiener und Pesther Storchtümmler.

1. Der Almond-, Mandel- oder mandelfarbige Tümmler.

Wie bereits erwähnt, ist dieser Tümmler nur ein Farbenschlag der Kurzstirnrasse, und nur Färbung und Zeichnung haben ihm den Namen gegeben. Der Ausspruch Fulton's, daß beide die haupt= sächlichsten Punkte bei Beurtheilung des Almonds seien, ist wol be= rechtigt, da, sobald dieselben an einer Taube nicht mehr vorhanden sind, diese auch aufgehört hat, ein Almond zu sein.

In Deutschland, wo es nur wenige Züchter der Rasse gibt, wird fälschlich der Name Almond als Rassename für alle Farben= schläge gebraucht.

Die Zeichnung des Almond ist eine Scheckenzeichnung der ab= sonderlichsten Art und kommt in der ganzen Taubenfamilie nicht wieder vor. Sie unterliegt indessen gleichfalls den Gesetzen aller Schecken= zeichnung, wozu vorab ein hoher Grad von Neigung zu Abweichung und Unregelmäßigkeit in der Vererbung anzusehen ist. So sehen wir denn, daß die Nachzucht des Almond selten eine feststehende ist, daß die der bestgezeichneten Tauben vielmehr beständig abändert, ebenso wie Pare, von denen kein Theil die Almondzeichnung besitzt, dennoch Junge erzeugen können, welche echte Almonds sind.

Beständig entstehen eine große Zahl von Farben= und Zeichnungs=
schlägen jeder nur denkbaren Art, von den hellsten, lichtesten Tönen
in blaßgelb bis fast zu weiß, mit schwarz oder braun mehr oder
weniger untermischt, bis zu ganz einfarbigen Thieren. Für viele und
die am häufigsten wiederkehrenden Grade dieser Abarten haben die
Engländer ihre speziellen Namen, wie kites = Milanfarbige, splashed
= Gespritzte, mottles = Schecken u. s. w.

Viele dieser Spielarten, vorausgesetzt, daß sie in ihrem Körper=
bau nicht gleichfalls ausgeartet sind, werden durch richtige, erfahrungs=
gemäße Verparung wieder zur Erzielung vollkommen gezeichneter und
gefärbter Almonds verwendet. Bei manchen ist die Ausartung jedoch
bereits soweit vorgeschritten, daß sie zur Weiterzucht nicht mehr zu
brauchen sind.

Da in England die Zucht dieser Taube bereits seit sehr langer
Zeit, vielleicht schon länger als zwei Jahrhunderte betrieben, aber
nicht allein auf die Zeichnung, sondern auch auf die Körperformen
Rücksicht genommen wird, so ist diese Rasse, obgleich sie nur eine
Spielart der kurzstirnigen ist, auch in ihren Körpereigenthümlichkeiten
zur höchsten Vollkommenheit entwickelt, so hoch, daß sie, wie sich aus
vielen Vorkommnissen ergibt, häufig überkultivirt, zur Misgestalt ent=
artet ist.

Der Almond ist kein Tümmler mehr, er ist weder ein Umschläger,
noch ein Hochflieger. Behauptet wird, er habe vor etwa 50 Jahren
noch gepurzelt. Heute ist er kaum noch im Stande, seine Jungen
selbst aufzuziehen, er muß dies meist von anderen Tauben besorgen lassen.

Bei keiner Rasse kommen so häufig Schnabelverkrüppelungen vor.
Sie stehen im engen Zusammenhange mit der monströs überbauten
Stirn. Diese, sowie die Kopfform überhaupt, soll selbst nach Zu=
geständniß Englischer Züchter in der Jugend künstlich geformt werden,
obgleich kaum zu glauben ist, daß bei einer so zarten, schwächlichen
Taube, wie es der Almond ist, an einem so diffizilen Körpertheile wie
dem Kopfe, sich irgendwie etwas von Belang durch Druck oder Ein=
klemmen erzielen läßt. Es ist vielmehr anzunehmen, daß die Kopf=
form eine, durch langjährige Wahlzucht befestigte Entartung gleich so
vielen Anderen ist. Wie dem auch sei, heute ist sie eine selbstverständ=
liche Bedingung für einen vollkommenen Almond.

In seinen Grundzügen ist der Kopf des Almond nicht anders
als der aller übrigen hochstirnigen Tümmler, nur, daß alle Einzel=
theile schärfer markirt ausgeprägt sind.

Die Stirn soll nicht allein hoch, sondern auch breit sein, doch
nicht übermäßig. Sie soll mit dem Schnabel einen spitzen Winkel
bilden, d. h. nach vorn über die Basis des Schnabels überstehen. Nach
hinten muß der Kopf scharf abfallen. Hierdurch entsteht eine runde

Form des Kopfs. Er soll nach dem Ausspruch der Engländer so rund sein, wie eine Kirsche, in welche man ein Gerstenkorn an Stelle des Schnabels eingesetzt hat.

Der Schnabel soll sehr kurz und dünn, konisch zulaufend, die Nasenwulst kaum ausgeprägt sein. Er darf nicht abwärts, sondern soll grabeaus stehen; häufig steht er aber sogar aufwärts und ist die untre Hälfte stärker entwickelt als die obre, was eben als Folge der zu stark überragenden Stirn anzusehen und fehlerhaft ist. Die Farbe des Schnabels soll zwar hell sein, sogenannter „Wachsschnabel", doch ist er bei dunkler Färbung des Gefieders meist auch dunkel angehaucht, was, so lange er nicht grabezu hornfarbig ist, nicht als Fehler gilt. Ein heller Schnabel verdient den Vorzug, ein völlig dunkler wird als Fehler betrachtet. Die Augen, die immer hell (perlfarbig) sein müssen, liegen ganz in dem Oberkopf. Wenn man sich eine Linie in der verlängerten Schnabelspalte gezogen denkt, so sitzen die Augen oberhalb derselben, während bei den meisten andren Rassen die gedachte Linie die Augen mitten durchschneidet. Durch diesen Umstand erscheint der Schnabel als zu tief nach dem Halse zu sitzend, und dies trägt wesentlich mit zu dem monströsen Aussehen des Kopfs bei.

Der Hals soll hübsch rückwärts gebogen getragen werden, oben dünn beginnen und sich nach unten, stärker werdend, in die breite, hochgewölbte und meist in der Mitte etwas vertiefte Brust verlaufen.

Die Flügel werden locker hängend, beinahe den Boden berührend, getragen. Der Fuß ist sehr klein, der Lauf kurz, der Gang im Affekt auf den Zehen zierlich trippelnd. Die ganze Haltung und Stellung hat diese Taube mit einer Pfautaube ersten Rangs gemein.

Häufig begegnen wir dem Ausspruch, der Almond sei die kleinste aller Haustauben, was allerdings vor dem Bekanntwerden der Tunis-Mövchen seine Berechtigung hatte. Folgende Tabelle zeigt die Unterschiede der Maße beider Tauben:

	Almond	Tunis-Mövchen
Von der Schnabelspitze bis zur Stirn . . .	10 mm	8 mm
= = = = zum Ende der Nasenwulst	12 =	10 =
= = = = zum Mundwinkel .	14 =	12 =
= = = = zur Augenmitte .	22 =	22 =
= = = = zum Schwanzende .	310 =	300 =
Umfang	240 =	220 =
Klafterweite	610 =	560 =

Man kann vielleicht einwenden, es gäbe in England kleinere Almonds, als die in Deutschland vorkommenden, welche vorstehende Maße ergeben haben; wenn dem aber auch wirklich so wäre, so müßten solche Exemplare jedoch schon als Abnormität betrachtet werden, da alle diejenigen, welche bis jetzt in Deutschland vorkommen, und es sind dies schon recht viele, nicht kleiner sind, als obige Ziffern angeben. Ein Vergleich der Maße der Köpfe beider Tauben zeigt uns interessante Verhältnisse, die auf den verschiedenen Bau derselben begründet sind.

Während der Schnabel des Tunis=Mövchen wirklich kürzer ist, als der des Almonds, ist die Entfernung von der Schnabelspitze bis zur Augenmitte bei beiden Tauben doch gleich. Daraus geht hervor, daß die Entfernung von der Augenmitte bis zum Schnabelanfang bei dem Tunis=Mövchen länger ist, als beim Almond, dieses also einen nach vorn verlängerten, jener einen nach vorn verkürzten Schädel hat.

Weiter ist ersichtlich, daß der Kopf des Almond im Vergleiche zu den Größenverhältnissen seines Körpers kleiner ist, als dies beim Tunis=Mövchen der Fall.

Die Grundfarbe des Almonds wird von der Farbe der Mandel hergeleitet, sie ist, wie deren äußre oder innere Schale, mehr oder weniger blaß ockergelb. Man darf sich indessen nichts Besonderes dabei denken, es ist dieselbe Farbe, welche in den verschiedensten Nüancen bei allen Taubenrassen angetroffen wird. Wie bei jeder andren Taube, so auch beim Almond bleibt die Hauptsache, daß die Farbe in gleichmäßigem Ton über den ganzen Körper verbreitet, und nicht etwa einzelne Theile, wie Bürzel und Schenkel bläulich gefärbt sind. Das Merkwürdigste beim Almond ist die Zeichnung, die aus schwarzen Flecken auf den gelben Federn besteht. Es gibt keine andre Taube, bei welcher die Farben Schwarz und Gelb zusammen auf einer Feder oder auch auf zwei Federgruppen vertheilt, angetroffen werden. Bei der Gimpeltaube, die hierbei in Betracht kommen könnte, verhält sich die Sache anders. Der wichtigste Punkt bei der Almond=Zeichnung ist die gleichmäßige Vertheilung der schwarzen Flecke über den ganzen Körper und auf allen Federn, besonders aber auf die größeren, die Schwingen= und Schwanzfedern. An Kopf, Hals und Brust dürfen die kleinen Federn meist noch ganz gefärbt sein, entweder schwarz oder gelb, nur müssen diese Farben in einer gewissen Regelmäßigkeit abwechseln. Dagegen sollen alle größeren Federn schwarze Flecken auf dem gelben Grunde zeigen, und auf den Schwingen und Schwanzfedern tritt zu den beiden Farben auch noch die weiße, die an einzelnen Stellen der=selben erscheint. Bei den Schwanzfedern ist es meist die Stelle, an welcher bei der blauen Farbe das schwarze Band sitzt, und an den Schwingen sind es Theile der innern Fahnenseite. Die Zeichnung der großen Federn ist der schwierigste Punkt eines Almond, da häufig die schwarze Farbe bei ihnen fehlt. Aber ebensowenig wie Schwarz auf diesen Federn fehlen darf, darf Weiß an andren Körpertheilen vor=handen sein.

Bemerkenswerth ist, daß auch die Almonds den Gesetzen derjenigen Scheckenzeichnung unterliegen, die auf hellgrauem Grunde schwarze Spritzen zeigt, wie wir sie bei Römern, Indianern, Modenesern und Tümmlern antreffen. Bei diesen Schecken sind die Täuber immer regelmäßiger gespritzt als die Täubinnen und die schwarze Farbe nimmt bei jeder Mauser mehr zu.

Genau so verhält es sich bei dem Almond. Im zweiten Jahre, nach der ersten Mauser, kann die Taube ihr standardmäßiges Gefieder erlangt haben und behält dies im günstigsten Fall noch ein weiteres Jahr. Nach der vierten Mauser ist die beste Taube jedoch bereits so dunkel geworden, daß sie auf keiner Englischen Ausstellung mehr erscheint. Dies gilt vorab von den Täubern. Täubinnen verfärben sich etwas langsamer, indessen will Fulton überhaupt noch nie eine mustergiltige gesehen haben.

Den Almonds zunächst stehen die „Mottles" und „Splashes", Schecken oder Gespritzte. Sie werden in Deutschland noch häufig mit diesen verwechselt und als ächte Almonds angesehen. Schecke oder Gespritzte heißt in England jede Taube, die auf farbigem Grunde in ziemlich regelmäßigen Entfernungen weiße Federn aufweist, gleichviel ob der Grund nur einfarbig oder auch schon mit einer andern als der weißen Farbe gemischt, gespritzt ist. Neben der Bezeichnung Gespritzte und Schecke wird dann gewöhnlich auch noch die Grundfarbe aufgeführt, wie z. B. Roth = Gespritzte, Gespritzte = Almond, Achat= Schecke u. s. w.

„Kites" fallen bei der Nachzucht sehr häufig und sind als weiteres Zuchtmaterial wieder gut verwendbar. Die Farbe ist braunschwarz, die Schäfte der größern Federn sind von innen heraus rothbraun und verlaufen allmälig in Schwarz. Wir finden diese Färbung auch bei anderen Tümmlerarten.

„Agates" sind Tauben, bei denen Fahnentheile der Schwingen und Schwanzfedern weiß sind, also große weiße Flecken, die in denselben Federpartien der ächten Almonds gleichfalls vorkommen müssen. Aus diesem Grunde werden auch sie zur Zucht mit Erfolg verwendet. Sie erscheinen gewöhnlich auf röthlicher oder gelblicher Grundfarbe, zum Theil neben anderen weißen Federn im übrigen Gefieder. In diesem Falle werden sie Achat=Schecken genannt.

Außer den Tauben, an welchen sich bereits zwei oder auch drei Farben zeigen, gibt es auch ganz einfarbige in Gelb, Roth und Schwarz, die den allgemeinen Regeln dieser Farben entsprechen müssen. Sie eignen sich indessen weniger zur Erzielung von Almonds.

Die weiße Farbe erscheint ausnahmsweise wol auch einmal, wird aber nicht weiter beachtet. Von Blau hat man dagegen noch nie etwas gesehen noch gehört, überhaupt ist jeder bläuliche Ton auf irgend einem Theile des Gefieders bei allen Farben und Zeichnungen von vorn herein ausgeschlossen, und würde als Fehler erster Größe betrachtet werden.

a. Die eigentlichen Schecken (Mottles).

Neben den Schecken, die als Ausartungen der Almonds an=
zusehen und in gewissem Grade unregelmäßig gezeichnet sind, finden
sich auch solche, die man als regelmäßig gezeichnete Schecken bezeichnen
könnte, wenn ihre Zeichnung so wäre, wie die Liebhaber sie wünschen.
Fulton nennt sie (in der Baldamus'schen Uebersetzung) „Schulter=
sprenkel". In Kopf, Körperbau und Haltung sollen diese Tauben
den Almonds so nahe stehen wie möglich. In ihrer Färbung und
Zeichnung unterscheiden sie sich von denselben. Sie erscheinen in
schwarzer, rother und gelber Grundfarbe von tiefem, kräftigem Ton.
Auf den Schultern und dem Rücken befinden sich eine kleine Anzahl
weißer Federn, die in regelmäßigen Abständen von einander sitzen und
zusammen eine ziemlich regelmäßige Figur bilden sollen. Diese Federn
sind zum Theil solche des Oberarms, theils kleine Deckfedern des
Unterarm=Gelenks. Die ersteren entsprechen demnach derjenigen Feder=
gruppe, die, wenn sie überhaupt eine andre Farbe hat, als das übrige
Gefieder, die Herzform des Rückens bildet. Die Grenzen dieser Form
sollen auch die weißen Rückenfedern nicht überschreiten, so, daß dieselbe
in ihren Umrissen sichtbar erscheint. Die zweite Partie der weißen
Federn sitzt auf dem Flügelbuge und ist an eine streng einzuhaltende
Form nicht gebunden, da überhaupt an dieser Stelle eine begrenzte Feder=
gruppe im Gefieder der Taube sich nicht befindet. Man verlangt nur,
daß weder zu viel noch zu wenig Federn an dieser Stelle vorhanden und
daß sie sich nicht auf einen größern Raum als etwa den, welchen ein
Thaler einnimmt, erstrecken. Es ist dieselbe Zeichnung, welche auch
bei anderen Tümmlern, der Englischen Kropftaube und der Trommel=
taube, verlangt wird. Bei dem langschnäbligen, rauhfüßigen, flach=
stirnigen Tümmler heißt die betreffende Zeichnung „Rosenflügel", bei
der Kropftaube und dem Trommler „Rose".

Außer den soeben beschriebenen, dem Almond ähnlichen Schecken
— Mottles — und dem früher erwähnten Rosenflügel gibt es in
England noch eine dritte Tümmlerart mit derselben Zeichnung. Sie
steht in der Mitte zwischen beiden, ist glattfüßig und von mittlerer
Schnabellänge. Die Taube steht dem Anschein nach der Hamburger
Rasse näher und ist jedenfalls mit einer Deutschen Rasse identisch.

2. Der Englische Barttümmler (Beard).

Im Körperbau ist diese Taube etwas stärker, als die vorstehenden
und der Almond; die Stirn weniger hoch und nach vorn überbaut,

der Schnabel etwas länger, aber doch dünn und sehr spitz zulaufend, die Haltung weniger graziös. Dennoch gehört die Taube gleich dem Almond zur Familie der kurzschnäbligen, hochstirnigen Tümmler, und je mehr sie dem Ideal derselben, dem Almond gleicht, um so werth=voller .ist sie. Den Namen führt sie von ihrer eigenthümlichen Zeich=nung, der weißen Kehle, die man nur bei ihr und dem stammverwandten Braunschweiger Bärtchen=Tümmler findet. Beide Tauben haben in der Färbung und Zeichnung manche Aehnlichkeiten, ebenso wie sie in der Zeichnung auch wieder Verschiedenheiten aufweisen.

Beide Tauben erscheinen in satter, intensiver Grundfarbe, ebenso wie in einer der klaren Nebenfarben. Die weiße Kehle haben zwar beide gemein, nicht aber ihre Form. Außerdem ist bei dem Beard der Schwanz noch weiß, während er bei der Braunschweiger Taube gefärbt ist. Ersterer hat also auf irgend einem farbigen Grunde weiße Kehle, Schwingen und Schwanz.

Der schwierigste Punkt der Zeichnung ist die Kehle. Der Unter=schnabel muß bereits vollständig hell sein, während der Oberschnabel bei schwarzer und blauer Grundfarbe, nicht aber bei rother und gelber, an der Spitze noch etwas gefärbt sein darf. Vom weißen Unterschnabel läuft die weiße Farbe in der Linie der verlängerten Schnabelspalte bis kurz vor oder unter das Auge. An diesem Punkte müssen die Spitzen des, einen kleinen Halbmond bildenden, nach unten sich herab=ziehenden Fleckchens endigen.

Die Schwierigkeit dieser Zeichnung liegt darin, daß sie selten in regelmäßiger Form auftritt. Häufig geht das Weiß zu tief herab oder bis hinter die Augen, oder es ist nur auf einer Seite regelmäßig, oder es geht über die Schnabelspalte hinauf, oder es ist nicht mit scharfer Linie von der Grundfarbe getrennt, oder es befinden sich noch farbige Federchen in dem weißen Fleck. Dies alles sind verwerfliche Erscheinungen.

Einige Englische Liebhaber verlangen sogar, daß die weiße Kehle abermals von einem kleinen farbigen Fleckchen, von der Unter=schnabelwurzel ausgehend, durchbrochen werde, was allein als Bart im wahren Sinne anzusehen sei. Daß eine derartige Zeichnung schließlich als scheckiger Fleck, an dem die Scheere ihr Möglichstes zu leisten hat, sich ergibt, wird jedem einigermaßen erfahrenen Züchter wol einleuchten.

Die Schwingen sollen zwar den allgemeinen Regeln der Weiß=schwingen=Zeichnung entsprechen, doch mangelt es häufig an der richtigen Zahl der weißen Federn. Sieben und acht, verschieden an beiden Seiten, bildet fast die Regel, so daß sich die Englischen Liebhaber mit=unter damit begnügen, obwol dies nicht als standardmäßig angesehen werden kann.

Als letzter Punkt sind Schenkel und Schwanz zu berücksichtigen. Die weiße Farbe des Schwanzes geht über den Bürzel hinaus bis zum Unterrücken und muß sich hier scharf von der Grundfarbe trennen.

Unten geht das Weiß gleichfalls über den After weg bis zu den Schenkeln, die noch gefärbt sein sollen. Unten am Knöchel zeigt sich indessen wieder etwas Weiß, streng genommen ein Fehler, der jedoch beinahe bei allen weißschwingigen und weißschwänzigen Tümmlern vorkommt, also so allgemein ist, daß man ihn fast als Regel ansehen kann. Von den Engländern wird er gradezu beansprucht.

3. Der Englische Weißkopf-Tümmler (Baldhead).

Inbezug auf Kopfform, Körperbau und Haltung gilt alles das, was über den Barttümmler gesagt ist. Er unterscheidet sich von diesem nur durch die Zeichnung, welche die gemönchte ist.

Man trifft den Weißkopf (Baldhead heißt zu Deutsch Kahlkopf, was gleichbedeutend mit unserm Mönch ist) in den vier Grund= und vielen Nebenfarben. Kräftige, satte Färbung, zarte, reine Töne der Nebenfarben sind auch bei dieser Taube Erforderniß der Schönheit.

Die Zeichnung hat den allgemeinen Regeln der Mönchzeichnung zu entsprechen. Der schwierigste Punkt ist auch hier die Zeichnung des Kopfs. Die Scheidelinie beider Farben soll dicht unter den Augen, dem Genick und der Kehle hinab gehen und scharf sein. Man nennt dies „hochgeschnitten". Meist erscheint jedoch der Kopfschnitt, wie es allgemein bei dieser Zeichnung der Fall ist, nicht sauber, d. h. das Weiß geht zu weit an der Kehle herunter und bildet mit der Grund= farbe keine scharfe Linie, was als Fehler anzusehen ist.

Seltner als beim Barttümmler zeigen sich Fehler in der Farbe des Schnabels, der im Einklang mit der weißen Farbe des Kopfs stehen und, gleichfalls weiß (hell) sein muß. Dagegen ist die weiße Kopffarbe die Veranlassung zu häufig fehlerhaft gefärbten Augen. Diese sollen perlfarbig (hell) sein, sind aber mitunter fleckig, oder gar dunkel, wenn auch nur das Eine. Nach der Anschauung der Deutschen Liebhaber ist dies ein bedeutender Fehler. Fulton dagegen schlägt ihn nicht so hoch an, wahrscheinlich deshalb, weil er zu häufig vorkommt.

Sind alle Erfordernisse eines guten Kopfs vorhanden, so kommt in zweiter Linie die Färbung des Unterleibs und Unterrückens, sowie der Schenkel und des Schwanzes inbetracht. Alle diese Theile müssen weiß sein, nicht mit farbigen Federn untermischt. Die Trennungs= linien der Grundfarbe gegen das Weiß des Leibs und des Unterrückens sollen scharf und gleichmäßig sein; ist dies der Fall, so erscheinen selten farbige Federn in den weiß gefärbten Körpertheilen.

Der dritte Punkt von gleicher Wichtigkeit wie der zweite sind die Schwingen. Sie haben den allgemeinen Regeln der Weißschwingen=

zeichnung zu entsprechen, was jedoch nicht immer der Fall ist. Zu wenige weiße Federn und verschieden an Zahl auf beiden Seiten ist auch hier der allgemeine Fehler.

Folgende Zahlen zeigen die Körpermaße sowol des Weißkopf-, als auch des Barttümmlers.

Von der Schnabelspitze bis zur Stirn . . . . 11 mm

= = = = zum Ende der Nasenwulst . . 13 =

= = = = zum Mundwinkel . . . . . 15 =

= = = = zur Augenmitte . . . . . 25 =

= = = = zum Genick . . . . . . 40 =

= = = = zum Schwanzende . . . . 310 =

Umfang . . . . 240 =

Klafterweite . . . . 630 =

4. Die Preußischen Weißkopf-Tümmler.

Von dieser Tümmler-Varietät gibt es drei dem Aussehen nach wesentlich verschiedene Schläge, welche nach den Orten, an denen sie — wenigstens früher — in größester Vollkommenheit gezüchtet wurden, als Elbinger, Gumbinner und Danziger Weißköpfe unterschieden werden. Der sogenannte Elbinger Weißkopf ist, wenn er mustergiltig sein soll, genau mit dem Englischen Baldhead übereinstimmend, häufig sogar besser als dieser. Es wird, wie hier vorläufig erwähnt werden soll, erst noch der Untersuchung bedürfen, ob diese Tümmlerraffe ursprünglich aus England hergebracht worden. Einstweilen läßt sich ebenso gut behaupten, daß die Baldhead von den Engländern, wie so manche andre in Deutschland gezüchtete Taubenart, seiner Zeit in England eingeführt und veredelt worden sind. Soviel steht wenigstens fest, daß die Weißköpfe schon im Anfang dieses Jahrhunderts und damals mehr als jetzt die in Ostpreußen fast ausschließlich gehaltne Taubenart war und daß sonach ihre Einführung vor sehr langer Zeit erfolgt sein müßte. Aber weder in Königsberg noch in Danzig ist es den Taubenzüchtern bekannt, daß es die gleiche Art Tümmler in England früher gab und deshalb ist auch eine Auffrischung des Bluts durch importirte Tauben ganz unbekannt.

Ein guter, sogenannter Elbinger oder Westpreußischer Weißkopf ist nicht viel größer als ein Almond-Tümmler, hat auch seine Gestalt, Haltung und Kopfform, dagegen einen zwar kurzen, aber mehr kegelförmigen, rein weißen Schnabel, ist auch stets glattköpfig und auch glattbeinig. Schädelform und Schnabelbildung ist bei Beurtheilung dieses feinen Weißkopfs ausschlaggebend. Die Schädelbildung ist aber sehr verschieden. Man findet — wenn auch nicht in so großem Gegensatz — einen langen, schmalen Kopf mit wenig gewölbter Stirn und schmalem, spitz zulaufendem, immerhin aber kurz zu nennenden Schnabel. Dann folgt ein mehr runder Kopf, — von oben gesehen bildet der Hinterkopf einen beinahe vollkommnen Halb= kreis — der in der Mitte der Hirnschale eine kleine Vertiefung zeigt, wobei die Stirn schon mehr an Wölbung zunimmt (sieht man das Profil des Kopfs, so erkennt man deutlich eine sanft geschwungene Wellenlinie). Hieran reiht sich die Form, nicht die Stärke des Alt= stammkopfs und =Schnabels; endlich erscheint der Almondkopf mit der hierzu erforderlichen, etwas nach oben gerichteten Schnabelstellung. Die Schnabellängen dürften diejenigen der Altstamm=Tümmler und Almonds nicht überschreiten. Auch bei diesen letzten beiden Schädel= bildungen kommt die Vertiefung an der obern Hirnschale vor. Selbst= redend sind nur die Hauptformen der Schädelbildung bezeichnet, die vorherrschend erkennbar sind. Die übrigen Schädelbildungen wechseln zwischen diesen oft in ganz absonderlichen Formen, z. B. schöne hohe Stirn mit flachem, schmalem Hinterkopf oder schmale Stirn, sehr kurzer, feiner Schnabel und hoher runder Hinterkopf u. a. m. Der Hals und die Brust bis zu den Füßen hin, der obre Theil des Rückens, sowie die Flügeldecken sind farbig, der Kopf, die 7 bis 10 äußeren Schwung= federn und der Schwanz rein weiß; bei den meisten Tauben dieser Art ist auch der untre Theil des Rückens und der Unterleib weiß, häufig in sehr verschiedenen Abgrenzungen. Zu den Seltenheiten ge= hört es, wenn die Farbenzeichnung an diesem Körpertheile (Bauch) bis dicht an den After oder nur bis an die Schenkel reicht; gewöhnlich sind die Deckfedern der Schenkel beiderseitig gefärbt, sodaß ein weißer Strich durch die Beine bis an den After läuft, oft ist auch diese Unter= partie scheckig gezeichnet. Die weiße Zeichnung des Kopfs — eben das Kennzeichen der Weißköpfe — muß sich in einer Linie, die etwa 0,50 bis 1 cm unter dem Schnabel und den Augen entlang und um den Oberhals gezogen ist (und dabei im Nacken an der Stelle entlang geht, wo bei kappigen Tauben die Federn der Haube herauswachsen), von dem farbigen Halse abheben. Man hat die Weißköpfe in allen Farben, hauptsächlich in Blau, Schwarz, Roth, Gelb und Rehfahl. Unter den Blauen findet man die besten Zeichnungen.

Die kleinen Weißköpfe sind sehr selten, viel häufiger ist der große Schlag, die sogenannten Gumbinner oder Ostpreußischen. Diese sind schlanker und stärker gebaut als die Elbinger, haben einen längern Kopf und langen starken Schnabel und bei sonst gleicher Zeichnung selten mehr als 3 bis 4 weiße Schwungfedern, weil bei ihrer Züchtung, infolge einer Verirrung des Geschmacks, das Bestreben besteht, ganz gefärbte Flügel zu erzielen, also auch den äußeren Schwungfedern die Farbe des Körpers zu geben, was aber selten erreicht wird. Bei solchen Weißköpfen, die also Weißschwanztümmlern ähnlich sehen, geht die farbige Zeichnung des Körpers oft bis zum Bürzel und After.

Unter den sogenannten Gumbinner Weißköpfen findet man häufig noch
lappige und latschige Exemplare, welche fast das Aussehen von Mäuser=
tauben haben. Wer annimmt, daß die Weißköpfe von ursprünglich
importirten Baldhead abstammen, müßte in diesen Tauben eine Ver=
schlechterung der Art erkennen. Andrerseits ist es aber noch sehr
fraglich, ob man nicht in dem sogenannten Gumbinner Weißkopf den
Urtypus der Rasse vor sich hat, der durch Kreuzung mit einer von
alten Züchtern noch beschriebnen, aber jetzt nicht mehr vorhandnen
Rasse kleiner weißer, glattfüßiger, kurzschnäbliger Tümmler und später
durch Inzucht in den sogenannten Elbinger Weißkopf umgewandelt ist.
Noch jetzt züchtet man bei der Parung eines Weißkopfes mit einer
rein weißen Taube keine bunten, sondern rein weiße Junge, die wieder
mit Weißköpfen verpart, Weißköpfe nachzüchten.

Der Danziger Weißkopf, vorzugsweise in Blau, seltner in
Schwarz, und hin und wieder, aber sehr selten in andrer Farbe
(braun, gelb, fahl u. s. w.) vertreten, ist kleiner wie der Ostpreußische,
aber immer noch größer, wie der feine Weißkopf; er hat ebenfalls
7 bis 10 weiße Schwungfedern, die Farbenzeichnung am Bauche reicht
meistentheils nur bis an die Schenkel und er hat selten den korrekten
Farbenschnitt am Kopfe; der weiße Bart (Latz) ist häufig vertreten.
Der Schnabel ist durchweg feiner, schmaler wie beim Ostpreußischen
Vogel und spitzt sich ziemlich scharf zu. Die Kopfform ist stets
länglich und schmal. Diese Weißköpfe fliegen meist gut, purzeln
aber nie.

Die Weißköpfe sind eine der schönsten Tümmlerrassen und jedem
Liebhaber von Fliegetauben sehr zu empfehlen, da sie ein lebhaftes
Temperament besitzen, leicht beweglich sind und sehr gut und hoch
fliegen, auch sind die meisten unter ihnen Purzler. Gelbe purzeln
am seltensten, am meisten die Blauen, Schwarzen und Rehfahlen
(Rothfahlen). Oft überschlägt das Purzeln die Nachzucht und tritt
erst wieder in der dritten oder vierten Generation auf. Das Purzeln
ist daher nicht ein bestimmtes und mit dieser Spezialität durchaus
verbundnes Merkmal, wol aber für den Liebhaber eine angenehme
Zugabe. In diesem Punkte bewegen sich die Westpreußischen Lieb=
haber grade nach entgegengesetzter Richtung wie die Ostpreußischen.
In ihrer Heimath werden diejenigen am meisten geschätzt, die sich beim
Fliegen nach oben hin überschlagen, ohne herabzufallen und man sieht
deshalb weniger auf reine Zeichnung als zur Erhaltung einer guten
Nachzucht erforderlich wäre. Für den Liebhaber korrekter Zeichnung
ist die Zucht dieser Tümmler eine sehr undankbare und eine viel Ge=
duld und Ausdauer verlangende Beschäftigung, da die Weißköpfe, wie
alle Farbentauben, nur zu oft unrein gezeichnete Junge, namentlich
solche mit schlecht abgesetztem weißen Kopf oder mit dunkler Iris

(sogenannten Faulaugen) nachzüchten. Unter den gelben und rothen Weißköpfen gibt es wenige mit reinen hellen (Perl=) Augen, gewöhnlich ist eins der Augen dunkel.

Wenn die Weißköpfe im allgemeinen auch sehr fruchtbar sind, so wird die Aufzucht der Jungen desto nachlässiger betrieben. Selten füttern die Alten zwei Junge auf, gewöhnlich lassen sie eins verkommen, und man muß auch bei dem einen übrig bleibenden Jungen die größte Sorgfalt verwenden, wenn man es groß und namentlich lebensfähig, d. h. zuchtfähig erhalten will. Im ersten Lebensjahre sind die Thiere zu feurig, zu unbeständig und zu lebhaft, um die nöthige Ruhe für ihre Nachzucht zu verwenden; sie kommen dieser Elternpflicht gewöhnlich erst im dritten und vierten Lebensjahre mit Erfolg nach. Daraus folgt aber, daß diese Rasse allmälig dem Aussterben nahe gebracht ist, zumal sich seit einigen Jahren unverkennbar die Zahl der einsichtsvollen Züchter wesentlich verringert hat. Es ist in der That sehr schade, daß diese Thiere kaum noch vor dem Aussterben zu retten sein werden, da die vorhandenen Stämme nicht mehr viele Exemplare enthalten.

Eine Mischung der Farben erzielt die besten Erfolge, gibt neue Farbentöne und ist zur Blutauffrischung wesentlich behülflich. Wir sind der Ansicht, daß man — wenn man in der Lage ist — nicht gleiche Farbentöne miteinander kreuzen soll, sondern hellere mit dunkleren, gesättigte mit blassen und umgekehrt. Mit Vorliebe part man z. B. kastanienbraun mit hellgelb und erhält dadurch ein leuchtendes Goldgelb u. s. w. Blau mit den eine Grundfarbe bildenden Abstufungen des Gelb und Braun erzeugt vorzugsweise Fahl in allen möglichen Tinten, geht vom hellen Isabellfahl bis zum tiefen Rothfahl herab. Diese fahlen Farben kann man dann wiederum unter sich mit Braun, Gelb und Blau verwerthen. Die schwarze Farbe verlangt zur Kreuzung mit anderen Farben ein tiefres Eindringen in die Geheimnisse der Natur. Mit Blau bringt man es grundsätzlich nicht zusammen, doch mit Erfolg z. B. mit einer möglichst hellen Schattirung des fahlen Farbentons. Aus dieser Mischung geht z. B. Silberfahl hervor, mit in den Glanzfedern des Halses prächtig dunklen kleinen Fleckchen.

Es wäre sehr zu wünschen, daß diese schönen Tümmler auch in dem übrigen Deutschland mehr Verbreitung fänden, da ihre Zucht in Ost= und Westpreußen immer mehr vernachlässigt wird und es also zu befürchten steht, daß die Weißköpfe schließlich ganz durch andere werthlosere Tümmlerschläge verdrängt und dadurch in Deutschland zum Aussterben gebracht werden. Gibt es doch jetzt schon in manchen Städten, wo sie früher so häufig waren, daß sie danach benannt wurden; z. B. in Marienburg — weshalb sie früher in Stettin Marienburger hießen — fast gar keine oder überhaupt keine mehr.

5. Wiener- und Pesther-Storchtümmler.

Zu den kurz= und dünnschnäbligen, hochstirnigen Tümmlern haben wir zweifelsohne auch diejenige Art zu zählen, welche in Wien und Pesth als „Gestorchte“ bezeichnet werden. Streng genommen ist es ein und dieselbe Art, die in zwei unbedeutend verschiedene Schläge zerfällt, von welchen der eine, Pesther, etwas kleiner, zierlicher und heller gefärbt ist, als der andere, Wiener.

Kopf= und Körperformen entsprechen beiläufig den übrigen Repräsentanten der Hauptabtheilung, besonders denjenigen der Weiß= köpfe und Bärtchen, wie aus folgenden Zahlenverhältnissen ersichtlich. Beide sind wie die ganze Abtheilung glattfüßig, stehen aber höher.

	Pesther gestorchter Tümmler	Englischer Weißkopf= und Barttümmler
Von der Schnabelspitze bis zur Stirn . .	12 mm	11 mm
= = = = = Nasenwulst .	14 =	13 =
= = = - zum Mundwinkel	16 =	15 =
= = = = zur Augenmitte .	25 =	25 =
= = = = zum Genick . .	43 =	40 =
= = = = Schwanzende .	300 =	310 =
Umfang	230 =	240 =
Klafterweite	590 =	630 =

Aus diesen Zahlen erhellt zwar, daß der Pesther Storchtümmler im Verhältniß zu seinem Körper einen etwas längeren Schnabel und stärkeren Kopf hat, auch kürzer gebaut ist; allein wir bemerken, daß wir kleinere Exemplare mit feineren Köpfen in Händen hatten, als dasjenige, an welchem wir zu messen genöthigt waren.

Das Maßgebende der beiden Schläge und ihre gegenseitige Ver= schiedenheit liegt aber hauptsächlich in der Färbung. In Wirklichkeit sind beide Schecken, indessen von einer so großen Regelmäßigkeit, daß beinahe eine vollkommene Zeichnung erreicht wird. Dies ist besonders bei der Pesther Taube der Fall. Die Haupt= oder Grundfarbe des Körpers ist weiß. An Kopf, Hals und Brust zeigen sich nur hin und wieder einzelne farbige Federchen, am meisten noch am Kopfe. Die Schwingen erster Ordnung sind zwar untenher gleichfalls weiß, laufen jedoch allmälig nach den Spitzen zu, farbig an; so, daß, wenn der Flügel eingezogen ist, die ganzen Schwingen farbig erscheinen, woher die Bezeichnung „gestorcht“ abgeleitet ist. Ebenso gefärbt sind auch die Schwanzfedern, an welchen beinahe nur die Schwanzbinde farbig erscheint.

Derartig gezeichnet kommt die Pesther Taube am häufigsten in blauer Farbe vor, obwol es auch schwarz, roth und gelbgezeichnete gibt. Da indessen die Schwingen aller Tauben der drei letzteren

Farben ohnehin zum Verblassen neigen, so ist dies bei dieser Taube wegen des weißen Grundgefiebers noch in einem höheren Grade der Fall, und wir können und dürfen uns demnach die Färbung nicht tief und gesättigt vorstellen.

Das Auge ist bei allen Gefiederfarben perlfarbig, die Farbe des Schnabels dagegen wechselt nach der jeweiligen Zeichnungsfarbe des Gefieders. So finden wir bei der blauen uud schwarzen Zeichnungs= farbe einen ganz dunkeln, hornfarbigen Schnabel, was neben dem häufig beinahe ganz weißen Kopfe, nicht grade schön aussieht. Gleich= falls sind die Augenlider etwas dunkel, schwärzlich gefärbt. Nur bei gelber und rother Zeichnungsfarbe sind Schnabel und Augenlider hell.

In gleicher Färbung, durchweg aber nur in Blau, und unbe= deutend stärker in Körper findet man die Taube als Wiener Storch= tümmler, wo sie dann mit dem Prädikat „weißgestorcht" bezeichnet wird.

Eine zweite Varietätsfärbung derselben Taube wird mit „dunkel= gestorcht" bezeichnet. Bei dieser Färbung ist nicht mehr das Weiß sondern das Blau vorherrschend. Die Grundfarbe ist blau und mit weißen Federchen an Kopf, Hals und auf den Flügelbecken unter= mischt. Es ist dieselbe Färbung, welche man an Mövchen, Locken= und der Gemeinen Taube antrifft und gemeinhin „Schimmel" genannt wird.

Die Wiener Liebhaber schreiben uns über die Taube Folgendes: „Die Wiener gestorchten Tümmler sind allen Tümmlern an Flugkraft überlegen, halten 5 bis 6 Stunden in continuirlichem Fluge aus, und verschwinden dem unbewaffneten Auge selbst bei wolkenlosem Himmel durch die immense Höhe ihres Auffluges. Spiralförmig schwenken sie sich rasch aufwärts, so daß sie in zehn Minuter nach dem Auffliegen bereits nur mehr als silberglänzende Punkte am Horizonte erscheinen. Bei schönem Wetter bleiben sie stundenlang oben, ziehen dann aber mehr in die Länge, indem sie die kreisrunden Schwenkungen aufgeben, die sie sowol beim Auf= als Niederfliegen ausführen. Ihr Flug ist jedoch nicht nur eine Folge ihrer Anlagen, sondern hauptsächlich die Folge der Dressur. Nur hei richtigem Jagen bekommt die Taube ihre immense Ausdauer; die sie auch wieder verliert, sobald sie in schlechte Hände kommt, gleich wie die edelsten Pferde, in der Hand eines schlechten Kutschers träge und matt laufen."

Von der Gestalt der Taube wird gesagt: „Der Kopf hat eine längliche Würfelform, mit scharf begrenzten Knochen, oben platt. Der Schnabel ist lang, dünn und grade aus dem Kopfe herausstehend, mit dunkelrothen, beinahe schwarzen kleinen Augenrändern, die feurig dreinblickende Augen umgeben. Die ganze Gestalt ist schmal, kurz und klein; ruht auf mittelhohen nackten Beinen. Die Flügel stehen von der Brust ab, die Achseln sind scharf gekantet. Der Hals hoch auf=

gerichtet, wodurch die Taube ein höher stehendes Aussehen bekommt. Der Schwanz berührt beinahe den Boden."

Wir schließen uns diesen Ausführungen in allen Punkten, bis auf „den langen Schnabel" an. Bei diesem scheint ein Schreibfehler unterlaufen zu sein.

Eine dritte Zeichnung des Wiener Tümmlers findet sich in dem „Kibitz". Diese Taube haben wir in Gemeinschaft mit den Voranstehenden mehrere Tage in nächster Nähe genau beobachtet und die beiderseitigen Maße mit einander verglichen. In keinen derselben, noch in irgend einer Erscheinung haben wir jedoch einen Unterschied gefunden. Nur die Färbung und Zeichnung bilden einen solchen. Die Taube ist am ganzen Körper, außer am Bauche, schwarz; jedoch nicht tief, sondern bräunlich, rußig schwarz. Nur der Unterleib, mit dem Abschnitt der Elsterzeichnung quer unter der Brust und am After, ist weiß. Die Schenkel sind gleichfalls weiß, Rücken und Bürzel gleich wie bei der Elster schwarz. Das Auge ist perlfarbig, der Schnabel jedoch dunkel, hornfarbig.

Außer den soeben aufgeführten Tauben und den in früheren Abhandlungen beschriebenen, trifft man in Wien noch einen Tümmler unter dem Namen „Prager" an. Es ist nicht die Taube, die man im Norden und Mitteldeutschland unter demselben Namen kennt. Sie ist von mittlerer Tümmlerfigur, glattfüßig, hat einen mittellangen, an der Wurzel ziemlich kräftigen Schnabel und Perlaugen. Das Hervorragenste an der Taube ist ihre feine Färbung. Sie ist nämlich isabellfarbig oder lichtblau mit weißen Binden. Da indessen diese beiden Färbungen keine Stamm= oder Grundfarben sind, vielmehr Varietätsfarben, durch sorgfältige Zuchtwahl erzeugt, so ist anzunehmen, daß dieselbe Taube auch in den gewöhnlichen Grundfarben vorkommen muß, in welchem Falle sie dann selbstverständlich von nur geringem Werthe ist.

Die Taube ist an und für sich so selten, daß es schwer zu bestimmen ist, in welche der sechs Abtheilungen man sie einreihen, oder ob man eine eigne Abtheilung für sie aufstellen soll.

———————

Zum Schluß wollen wir noch eine Taube erwähnen, die zwar nicht zu den Tümmlern gehört, jedoch durch die Eigenthümlichkeit ihres Fluges sich so auszeichnet, daß bei einer Classifikation der Tauben nur an dieser Stelle ihr Platz zu suchen sein dürfte. Es ist dies:

Der Ringschläger (Columba percussor).

In früheren Jahren am Rhein sehr verbreitet und namentlich in den Dörfern eine sehr beliebte Taubenraffe, hat sie sich in den Städten nie recht Geltung verschafft, weil ihr Habitus zu sehr an

die Feldtaube erinnert. Der verstorbene, ausgezeichnete Taubenkenner
Fürer beschreibt sie folgendermaßen:

„Der Ringschläger ist eine nur noch am Niederrhein und hier
und da in Westfalen vorkommende, wegen ihrer Munterkeit beliebte,
leider im Aussterben begriffene Taube von stattlicher Größe, kräftiger
Gestalt und guter Haltung. Sie zeichnet sich theils durch ihre Farbe
und Figur, theils durch besondere Eigenschaften aus. Ihre ganze
Länge beträgt 85 cm, die zweite Schwingfeder 17½ cm, der Schwanz
12½ cm, das Bein 12½ cm, sie klaftert ¾ m und wiegt 433⅓ bis 500 g;
je größer und schwerer, desto beliebter. Der Kopf ist mit einer, der
Farbe des Gefieders entsprechenden Spitzhaube geziert, die Stirn
mittelhoch, der Schnabel 2 cm lang, fein, spitz, und hellfarbig, das
Auge ist dunkelglühend, die Farbe des Augensternes derjenigen des
Gefieders entsprechend, das Lid lebhaft fleischfarbig, der Hals kräftig,
Brust und Rücken verhältnißmäßig breit, Lauf und Fuß glatt, die
Schwingen reichen zusammengelegt bis 1¼ cm vom Schwanzende. Die
großen vorderen Schwingfedern, welche nach den vier ersten kommen,
fallen in der Länge stark gegen jene ab: die fünfte 2½ cm gegen die
vierte und 5 cm gegen die zweite, welche die längste ist.

Das Gefieder ist fest anliegend und in allen Farben wie folgt
gezeichnet: der ganze Kopf ist weiß, die Haube weiß gefüttert, das
Weiße des Kopfs läuft in Bogen zwei Strohhalme breit unterhalb
der Augen unter das Kinn, überall scharf abgeschnitten, oder mit
anderen Worten: die Scheitellinie beider Farben läuft oberhalb der
Haube oder unterhalb der Augen bis unter den Schnabel. Farbige
Flecke auf dem Kopfe sind ein Fehler, desgleichen ein sogenannter
Bart, d. h. eine weiße Fläche unterhalb des Kinns. Weiß sind ferner
der Schwanz und Unterrücken gegen den Mittelrücken abgeschnitten,
Unterleib und Schenkel, ersterer vor dem letzteren gegen den Vorderleib abgeschnitten und die sechs vorderen, großen Schwingfedern, so
daß also der Nacken, der ganze Hals, die Brust, der Oberrücken, der
Vorderleib bis an die Schenkel und da rund um die ganze Taube
gegen Unterleib und Unterrücken abgeschnitten sind; ferner die ganzen
Flügel mit Ausnahme der sechs großen Schlagfedern. Zuweilen geht
auch die Farbe am Unterrücken bis gegen den Schwanz hin, doch muß
zwischen beiden immer eine gegen den Rücken in grader Linie abge-
schnittene weiße Stelle offen bleiben.

Am seltensten findet man diese Zeichnung in Schwarz, wo meistens
auch der Schwanz und das Kreuz, also der ganze Rücken gefärbt ist.
Der Schläger mit reiner schwarzer Zeichnung nimmt den ersten Rang
ein, dann folgen der gelbe, blaue und zuletzt der rothe, welcher noch
am häufigsten vorkommt. Doch findet man hin und wieder auch einfarbige, besonders lichtblaue, mit und ohne Flügelbinden und mit

weißem Schwanze. Durch Paarung echter Ringschläger, roth oder gelb mit schwarz oder blau, kann man verschiedene Spielarten züchten, doch sind diese dann in der Farbe selten schön und schlagen in den späteren Generationen stets in eine der vier Grundfarben zurück. Gelb mit roth gepaart geben die besten Jungen in den schönsten Farben.

Das Auszeichnende bei diesen Tauben ist ihre Flugart; zwar fliegen sie nie weiter als von Dach zu Dach, allein auch keinen Schritt weit, ohne die Flügel zusammenzuschlagen, daß es weithin schallt; vorzüglich geschieht dies von Seiten des Täubers, wenn er seiner Täubin den Hof macht. Ein guter Schläger soll dann über seiner Täubin 5 bis 6 Mal ringschlagen, d. h. im Kreise rechts und links über ihr herumfliegen, und bei jeder kurzen Wendung die Flügel laut klatschend zusammenschlagen (Brandschläge thun). Schon ein Schläger, der 2 bis 3 Ringe schlägt, wird heute von Liebhabern mit Gold aufgewogen. Dieses Kreisfliegens wegen (selbst im engsten Raume), nennt man diese Taube auch Dreh= oder Wendetaube (pigéon tournant). Die Täubin schägt ebenfalls, doch weniger stark, im Frühling beide am meisten. Im Herbst sind sie so abgeschlagen, daß sie nicht mehr auffliegen können und darum leicht verunglücken. Man pflegt ihnen dann wol die ganz zerfetzten Schwingfedern auszuziehen, was nicht schadet, wenn es nur einmal jährlich geschieht. Solche, die viel klatschen und doch ihre Schwingen gut erhalten, sind die werthvollsten. Gute Täuber sollen es bis zu einem siebenmaligen Umkreisen gebracht haben, werden aber auch ob dieser großen Kunstfertigkeit mit hohem Preise bezahlt.

Der Ringschläger ist eine gesunde, sehr lebhafte und zänkische Taube, welche durch ihre Unruhe viel Störung im Schlage anrichtet, weshalb sie auch zu anderen Tauben nicht paßt. Sie ist auch sehr fruchtbar und darum zu verwundern, daß sie nicht weiter verbreitet ist; die Jungen fangen an zu schlagen, wenn sie flügge sind. Eheliche Treue ist ihnen unbekannt, so daß, wer sie mit anderen Arten zusammenhält, sich oft wundert, Bastarde in den Nestern zu finden.

Bei der Zwangsparung ist der Ringschläger, gleich allen lebhaften Tauben, oft sehr eigensinnig.

Alter und Geschlecht erkennt man wie gewöhnlich, am Täuber auch an der beschriebenen Flugart. Nächst gutem Ringschlagen verlangt man bei dieser Taube eine ansehnliche Körpergröße, schöne lebhafte Farben und reine Zeichnung. Der Preis rein gezeichneter schwarzer oder gelber Schläger ist mehrere Mark das Par, die rothen, meist gering in der Farbe, sind billiger. — Eine Subspecies des Ringschlägers ist die sogenannte Klatschtaube, der die Rassenmerkmale des Umkreisens fehlen und der nur noch das starke Zusammenschlagen mit den Flügeln geblieben ist. Die Klatschtaube nimmt zu dem Ringschläger etwa dieselbe Stellung ein, wie der Dragon zu dem hochveredelten Carrier, es ist eben dieselbe Taube mit unvoll= kommenen Eigenschaften. So wie man bemüht gewesen ist, neue Zeichnungen zu erzielen, in demselben Grade ist das Originelle der Raße verloren gegangen. Aeußerlich sind beide Arten nicht zu unter= scheiden; sie sind augenscheinlich nur durch Bastardirung hervorgebracht. Was man jetzt noch am Niederrhein findet und auf den Ausstellungen sieht, dürften wol meist nur sogenannte Klatschtauben sein."

Es unterliegt keinem Zweifel, daß es außer den von uns bis hierher beschriebenen Tümmler=Arten, wol noch eine nicht unbedeutende Zahl uns bis heute unbekannter Arten geben mag, deren Aufenthalt gleichfalls das ferne Asien, besonders Persien und Indien, die Heimath aller Tümmler=Arten, sein wird.

Wissen wir ja bereits, daß in den beiden genannten Ländern das Vergnügen, Tauben in großen Maßen aufzujagen und zum Fliegen zu veranlaßen, seit den ältesten Zeiten besteht und ihm bis auf den heutigen Tag gefröhnt wird.

Alle hierzu verwendeten Tauben werden wir zweifelsohne zu den Tümmlern zu zählen haben. Einige dieser sind uns bereits durch den Engländer Lyell bekannt geworden und wir finden Beschreibungen und Abbildungen davon im Lewis Wright „Taubenbuch". Es sind dies die Lahore=, Sherajee=, Moskee= und Goolee=Tauben. Die Abbildungen der 3 Letzteren laßen die Tauben sofort als Tümmler erkennen und, da die Sherajee, als nur eine Varietät der Lahore bezeichnet wird, so wird Letztere kaum etwas anders als ein Tümmler sein; obwol hervorragende Kenner, welche die Taube lebend sahen, sie uns als zu den Gemeinen Tauben gehörend, schilderten.

Wir müßen bedauern, daß uns Lyell und nach ihm Wright grade über den wichtigsten Punkt, nämlich, ob die von ihnen beschriebenen Tauben in ihrem Heimathlande als Flug= oder als Hoftauben gehalten werden, völlig in Ungewißheit laßen, und, daß sie auf ganz untergeordnete Punkte, wie Zeichnung und Färbung das Hauptgewicht legen. Dies ist auch der Grund, weshalb wir das von den beiden Autoren über die fraglichen Tauben Gesagte hier nicht wiedergeben wollen. Es wäre zu befürchten, daß, wollten wir anders verfahren, wir nur zur Verbreitung von irrigen Auffaßungen bei= tragen würden.

Aehnlich verhält es sich mit einer anderen bereits vielfach besprochenen und geschilderten Taube, deren Heimath gleichfalls Indien ist, nämlich mit dem „Bodentümmler". Wir können nicht glauben, daß es eine Taube gibt mit dem angeborenen Triebe sich auf dem Boden zu „wälzen", statt zu fliegen oder zu gehen. Ist dies nun nicht der Fall, so haben wir es bei dem „Bodentümmler" auch nicht mit einer Art — Raffe — zu thun und in dieser Ansicht werden wir durch neuere Mittheilungen nur bestärkt. Diese sagen uns, daß die Bodentümmler von sehr verschiedenem äußeren Aussehen seien. Es scheint demnach, als ob das Rollen der Taube auf dem Boden durchaus keine vererbte Eigenschaft irgend einer Raffe, als vielmehr eine Manipulation der Hand der Eingeborenen sei, die die betreffende Taube in die convulsivischen Zuckungen versetzt. Vielleicht ein ähnlicher Vorgang, wie wir ihn als „einschläfern" der Hühner, durch Einschieben des Kopfes unter einen Flügel, bei gleichzeitigem Hin- und Herschaukeln des Thieres kennen, oder „bannen" des Huhns, durch Ziehen eines Kreidestriches bei aufgedrücktem Kopfe auf eine ebne Fläche, über den Schnabel nach beiden Seiten hin.

Wie dem auch sei, so lange der Vorgang mit der betreffenden Taube nicht völlig klar gestellt ist, wollen wir uns auch hier hüten, von einem „Bodentümmler" als Raffe, falsche Ansichten zu verbreiten.

Wir überlassen es vielmehr den Forschungen der Zukunft über diesen Vorgang und über die uns heute noch wenig bekannten Raffen Ost-Asiens Licht zu schaffen.